CLEITON OLIVEIRA
O poder do MÉTODO

como **ELIMINAR** as **DÍVIDAS**
e prosperar financeiramente

ALTA BOOKS
EDITORA

Rio de Janeiro, 2021

O Poder do Método

Copyright © 2021 da Starlin Alta Editora e Consultoria Eireli.
ISBN: 978-85-5081-530-5

Todos os direitos estão reservados e protegidos por Lei. Nenhuma parte deste livro, sem autorização prévia por escrito da editora, poderá ser reproduzida ou transmitida. A violação dos Direitos Autorais é crime estabelecido na Lei nº 9.610/98 e com punição de acordo com o artigo 184 do Código Penal.

A editora não se responsabiliza pelo conteúdo da obra, formulada exclusivamente pelo(s) autor(es).

Marcas Registradas: Todos os termos mencionados e reconhecidos como Marca Registrada e/ou Comercial são de responsabilidade de seus proprietários. A editora informa não estar associada a nenhum produto e/ou fornecedor apresentado no livro.

Impresso no Brasil — 1a Edição, 2021 — Edição revisada conforme o Acordo Ortográfico da Língua Portuguesa de 2009.

Erratas e arquivos de apoio: No site da editora relatamos, com a devida correção, qualquer erro encontrado em nossos livros, bem como disponibilizamos arquivos de apoio se aplicáveis à obra em questão.
Acesse o site **www.altabooks.com.br** e procure pelo título do livro desejado para ter acesso às erratas, aos arquivos de apoio e/ou a outros conteúdos aplicáveis à obra.

Suporte Técnico: A obra é comercializada na forma em que está, sem direito a suporte técnico ou orientação pessoal/exclusiva ao leitor.
A editora não se responsabiliza pela manutenção, atualização e idioma dos sites referidos pelos autores nesta obra.

Dados Internacionais de Catalogação na Publicação (CIP) de acordo com ISBD

O48p   Oliveira, Cleiton
        O Poder do Método: Como ELIMINAR as DÍVIDAS e Prosperar
        Financeiramente / Cleiton Oliveira. - Rio de Janeiro : Alta Books, 2021.
        192 p. : il. ; 16cm x 23cm.

        Inclui bibliografia e índice.
        ISBN: 978-85-5081-530-5

        1. Economia. 2. Finanças pessoais. 3. Dívidas. I. Peixoto, Mário. II.
        Rosa, Thiago. III. Título.

2021-2085   CDD 332
                                                 CDU 336

Elaborado por Vagner Rodolfo da Silva - CRB-8/9410

Rua Viúva Cláudio, 291 — Bairro Industrial do Jacaré
CEP: 20.970-031 — Rio de Janeiro (RJ)
Tels.: (21) 3278-8069 / 3278-8419
www.altabooks.com.br — altabooks@altabooks.com.br
www.facebook.com/altabooks — www.instagram.com/altabooks

Produção Editorial
Editora Alta Books

Gerência Comercial
Daniele Fonseca

Editor de Aquisição
José Rugeri
acquisition@altabooks.com.br

Produtores Editoriais
Ian Verçosa
Illysabelle Trajano
Larissa Lima
Maria de Lourdes Borges
Paulo Gomes
Thiê Alves
Thales Silva

Equipe Ass. Editorial
Brenda Rodrigues
Caroline David
Luana Goulart
Marcelli Ferreira
Mariana Portugal
Raquel Porto

Diretor Editorial
Anderson Vieira

Coordenação Financeira
Solange Souza

Equipe Comercial
Alessandra Moreno
Daiana Costa
Fillipe Amorim
Kaique Luiz
Tairone Oliveira
Thiago Brito
Vagner Fernandes
Victor Hugo Morais
Viviane Paiva

Marketing Editorial
Livia Carvalho
Gabriela Carvalho
marketing@altabooks.com.br

Atuaram na edição desta obra:

Revisão Gramatical
Aline Vieira
Elaine Batista

Capa
Rita Motta

Diagramação
Catla Soderi

Ouvidoria: ouvidoria@altabooks.com.br

Editora afiliada à:

"A SANDRA, MINHA ETERNA COMPANHEIRA, E AO MEU FILHO ÉRICK, QUE VEM ME MOSTRANDO O QUÃO MARAVILHOSO É PRESENCIAR A EVOLUÇÃO HUMANA."

AGRADECIMENTOS

Primeiramente, agradeço a Deus que esteve comigo todo tempo ao longo da produção deste livro e sem Ele esta obra não estaria em suas mãos, leitor.

Agradeço a minha mãe por ter me incentivado a ler e a estudar e por seu grande exemplo de trabalho e dedicação.

Agradeço ao meu pai (in memoriam) pelos ensinamentos que me foram transmitidos.

Agradeço a Lavínia Martins, diretora da Planejar (Associação Brasileira de Planejadores Financeiros) pelas excelentes sugestões no início da constituição da obra.

Agradeço ao meu grande amigo Guilherme, do blog Valores Reais, pela grande troca de ideias e sua escrita primorosa que me foi de grande valia e influência.

Agradeço ao Gustavo Cerbasi pela revisão, prefácio e leitura crítica do livro com ponderações que foram de extrema aplicabilidade para conclusão desta obra.

Agradeço ao Conrado Navarro e Ricardo Pereira, sócios e fundadores do excelente portal Dinheirama pela troca de conhecimentos e, este último, pela leitura do projeto inicial do livro.

Agradeço a Tatiana Filomensky pela troca de experiências, informações e por compartilhar sua opinião a respeito do livro.

Agradeço a cada pessoa que, de alguma forma, fez parte deste projeto. Sou grato por cada segundo de seu precioso tempo.

Agradeço à editora Alta Books pela grande oportunidade de expor meus conhecimentos para transformar cada vez mais a vida das pessoas.

Sumário

SUMÁRIO 5

PREFÁCIO 7

APRESENTAÇÃO 9

INTRODUÇÃO 11

PARTE I – ELIMINAR AS DÍVIDAS 19

▷1 OS TRÊS MAIORES PROBLEMAS CAUSADOS PELO ENDIVIDAMENTO 21

▷2 OS CINCO GRANDES MOTIVOS MAIS FREQUENTES QUE LEVAM À INADIMPLÊNCIA 33

▷3 COMO SE LIVRAR DAS DÍVIDAS DE UMA VEZ POR TODAS 55

▷4 COMO RENEGOCIAR SUAS DÍVIDAS 79

▷5 O QUE FAZER EM CASO DE SUPERENDIVIDAMENTO 99

PARTE II – PROSPERAR FINANCEIRAMENTE 111

▷6 COMO DEFINIR E PRIORIZAR SEUS OBJETIVOS 113

▷7 RESERVA FINANCEIRA: APRENDA SOBRE A SUA IMPORTÂNCIA 141

▷8 COMO GASTAR DINHEIRO DE FORMA INTELIGENTE 151

▷9 COMO ECONOMIZAR SEU DINHEIRO 165

REFERÊNCIAS BIBLIOGRÁFICAS 185

ÍNDICE 188

PREFÁCIO

Por volta do ano 2000, cerca de dois em cada três brasileiros adultos possuíam dívidas não planejadas e de lá para cá, houve um incrível crescimento da educação financeira no Brasil, em que centenas de livros sobre o assunto foram escritos, cursos foram criados, feiras fizeram sucesso, confirmando que hoje, em 2020, não existe um veículo de comunicação de variedades — blogs, revistas, portais, teleprogramas, telejornais, programas de rádio — que não tenha ao menos uma sessão regular para discutir dinheiro. A educação financeira está muito mais presente e acessível.

Porém, hoje, ainda dois em cada três brasileiros adultos possuem dívidas não planejadas. Erramos? De forma alguma! Ao analisarmos cuidadosamente as dívidas dos brasileiros, percebemos que o custo médio desse endividamento é mais baixo. No ano 2000, o principal produto de crédito utilizado pelos brasileiros era o cheque especial — hoje, não está sequer entre os três mais procurados.

O que explica a manutenção da estatística é o crescimento do número de brasileiros com emprego formal, bancarizados e com acesso ao crédito, porém, aqueles que deviam no cheque especial no ano 2000, hoje devem no consignado ou apenas no financiamento da moradia, e se investiam na poupança, hoje investem em complexos fundos de investimento multimercado, porém, essa parcela da população financeiramente educada ainda é pouco representativa. A estatística mostra que ainda há muito trabalho a ser feito para orientá-la a fazer escolhas mais acertadas, começando pela orientação sobre como sair das dívidas e equilibrar as escolhas. Nesse sentido, o livro que você tem em mãos é um alento.

Conheci o Cleiton Oliveira quando fui convidado a revisar o texto de seu livro, trabalho ao qual me habituei depois de ter revisado e comentado mais de 40 livros na área de educação financeira e finanças pessoais, e mesmo com tanta experiência, ainda não havia passado pelas minhas mãos um livro tão completo e assertivo sobre o assunto "endividamento". Cleiton arregaçou as mangas e produziu um material valiosíssimo e transformador para as famílias que buscam uma luz ao fim do túnel com explicações sobre os motivos e as origens deste tipo de problema, o livro oferece um passo a passo que resolve até os casos mais graves de superendividamento, com orientações sobre como evitar que o problema volte a acontecer no futuro.

Destaco os capítulos sobre renegociação de dívidas e solução do superendividamento, os mais completos e acessíveis que já encontrei em livros, portanto, se você, em razão das dívidas, está em dúvida quanto a adquirir ou não este livro, minha recomendação é que siga em frente e perceba que esta leitura se paga ainda nas primeiras páginas. Caso você já esteja com o livro, oriento que o leia com lápis e bloco de notas à mão, para anotar os passos a seguir, pois esta leitura será, no mínimo, esclarecedora e, para a maioria das famílias, será verdadeiramente transformadora.

Sucesso ao colocá-lo em prática!

Gustavo Cerbasi
Consultor financeiro
www.gustavocerbasi.com.br

APRESENTAÇÃO

Se você já me conhece pelo meu livro anterior, *Economizar sem Perder o Prazer de Viver*, conhece o método que criei e que já ajudou diversas pessoas a organizar suas finanças e obter uma vida financeira equilibrada, mas, agora, gostaria que você conhecesse um pouquinho de minha trajetória até a tão sonhada independência financeira, já que hoje sou financeiramente independente e, para isso, tive que tomar uma das maiores decisões de minha vida.

Guarde esta frase:

— Prosperar é uma decisão, não uma opção.

Em 2014, havia mais de dez anos que eu estava em um cargo público — o sonho de muitas pessoas é passar em um concurso público para obter um bom salário e alcançar a tão sonhada estabilidade — porém, no dia 24 de janeiro de 2014, entrei de férias, e no dia em que voltei, pedi exoneração e ganhei a minha liberdade para lutar pelos objetivos que sempre sonhei, mas a decisão foi difícil. Por isso, digo que é muito mais fácil passar em um concurso público do que sair de um cargo público, abrindo mão da estabilidade, do salário garantido todo mês e acima da média, de trabalhar a dez minutos de casa, do relacionamento com as pessoas, e da pressão de amigos e colegas de trabalho para que eu não tomasse uma atitude maluca e radical.

Você pode pensar: "Nossa, ele é louco mesmo, só tem vantagens no emprego público" e, mesmo diante de diversas vantagens, uma única situação me fez tomar esta decisão: "Meus Sonhos". Porém, entendo que as pessoas queiram o nosso bem, mas não era isso que eu queria, não era isso que eu imaginava para minha vida e viajando no tempo, não me agradou o que vi, porque o que eu fazia não seria muito diferente do que eu faria dali a 10, 20 ou 30 anos. Trabalhei com pessoas que já estavam há 20, 30 ou 35 anos no cargo público e que faziam exatamente a mesma função que eu exercia, e não era esse o futuro que eu desejava.

Ao longo do livro, detalharei melhor essa história. Mostrarei a você como me livrei de uma vida repleta de dívidas até a tão desejada independência financeira.

Leia o livro até o final para acompanhar minha trajetória.

INTRODUÇÃO

QUEM NUNCA TEVE DÍVIDAS QUE ATIRE O PRIMEIRO CARTÃO DE CRÉDITO

Cada vez mais pessoas estão com problemas financeiros e procuram meios para livrar-se do endividamento, mesmo que não exista nenhuma mágica ou fórmula-padrão que funcione para todos, é a partir de algumas atitudes simples que você dará os primeiros passos para sair do endividamento, sendo necessário um pouco de esforço, dedicação, disciplina e uma análise profunda de todos os seus gastos, por isso, o planejamento financeiro é fundamental e essencial para a organização de seu orçamento.

O planejamento financeiro pessoal e familiar tem como principal meta prover uma qualidade de vida melhor, sempre de acordo com seus objetivos, portanto, com a organização do orçamento, você saberá se está sobrando ou faltando dinheiro, sem ficar à mercê dos acontecimentos e assim, você será dono(a) da situação.

Nesta fase inicial será muito importante a utilização de uma planilha financeira, porque através de sua utilização, você saberá para onde está indo seu dinheiro e quais gastos podem ser cortados. No Capítulo 3, em que falarei sobre "Orçamento e planejamento financeiro", há um link disponível para você baixar uma excelente planilha, organizar seu orçamento, e assim iniciar o ciclo da eliminação do endividamento, mas para isso é fundamental que você aprenda a gastar dinheiro de forma inteligente, fazendo com que você mantenha o seu orçamento no azul e não se sujeite a pagar os altos juros do cheque especial e rotativo do cartão de crédito, mantendo um equilíbrio financeiro entre o quanto você ganha e quanto você gasta, porém, isso não quer dizer que você tenha que empatar as entradas e saídas, mas é sempre importante que o dinheiro gasto seja menor do que o valor ganho. Com esta sobra, você poderá constituir uma reserva financeira para aproveitar as oportunidades e para os momentos adversos de sua vida. Na verdade, não é com a sobra que você deve constituir uma reserva ou separar um valor para a realização de seus sonhos, mas o valor para os seus objetivos deve ser separado tão logo você receba seus rendimentos.

Neste primeiro momento, não se preocupe se você não conhece alguns dos termos financeiros citados até aqui, todos serão explicados detalhadamente nos respectivos capítulos.

ORGANIZAÇÃO DO ORÇAMENTO MENSAL

Orçamento é a ferramenta de mapeamento de seus ganhos e de seus gastos, para que, entendendo-os, você melhore sua capacidade de fazer escolhas sobre seu dinheiro e o segredo da prosperidade financeira é ***nunca gastar mais do que se ganha***, mas por mais simples que seja esta regra de ouro das finanças, ela dificilmente é seguida à risca, especialmente nos dias atuais, em que a natureza do consumo imediato, e o forte e crescente foco nos gastos fazem com que sobre cada vez menos dinheiro no final do mês e o sustento pessoal ou familiar definitivamente não está baseado somente nas contas fixas como aluguel, alimentação, água, luz, transporte e condomínio. Sabemos bem que essa lista de despesas é só o começo de algo que, para muitos, parece um grande buraco negro se incluirmos na lista os gastos inesperados, como um problema de saúde que leva a uma consulta médica de emergência, a manutenção de algum equipamento do carro, um presente de aniversário de última hora e, para os menos precavidos, até o IPTU que todo ano tem que ser pago, mas você insiste em esquecê-lo, afinal, já pagou isto esses dias, certo?

Existem diversas circunstâncias que fazem com que você fique endividado. Mas, se você ainda não se deu conta dessas adversidades, é muito importante que você acompanhe este livro até o final para eliminar as dívidas de uma vez por todas.

A ESTRATÉGIA DECISIVA PARA ELIMINAR AS DÍVIDAS

A estratégia decisiva para eliminar as dívidas é por meio da aplicação do Método Mobile, que tem como principal finalidade a organização da vida pessoal e financeira, estabelecendo os passos fundamentais e necessários para te ajudar a colocar o orçamento em ordem e alcançar o equilíbrio financeiro, pois é uma ferramenta simples que possibilita o mapeamento do orçamento, eliminando e direcionando o dinheiro gasto com desperdícios, primeiramente para quitar dívidas, depois para o consumo de bens ou serviços que lhe trarão melhor qualidade de vida e benefícios no presente e no futuro.

Com ênfase no crescimento consistente de seu patrimônio, este método fará com que você se liberte do endividamento e que seus frutos possam conferir o sustento que lhe permitirá consumir, de forma duradoura, sem ter que recorrer ao crédito caro, através da explicação dos três primeiros passos do Método Mobile para que você saia do vermelho definitivamente.

O MÉTODO MOBILE

O Método Mobile foi criado por mim e utilizado ao longo de alguns anos por clientes que possuíam uma vida repleta de dívidas e infelicidade. Porém, já nas fases iniciais, puderam enxergar uma luz ao fim do túnel. Um dos passos mais relevantes é perceber que você está em uma situação de endividamento e que está difícil sair pelos próprios meios, então, a busca por informação é um grande passo para a libertação.

O Método Mobile consiste em seis fases:

- ▶ **Monitorar**
- ▶ **Objetivar**
- ▶ **Balancear**
- ▶ **Investir**
- ▶ **Lapidar**
- ▶ **Exaltar**

Através da aplicação do Método Mobile, você seguirá automaticamente seu caminho. Não contará com a sorte, como grande parte das pessoas, para atingir tal objetivo. Seguindo somente os três primeiros passos do método, sair do vermelho será uma consequência natural.

Vejamos o caminho que será percorrido para sair do vermelho.

- 1. Listar todas as dívidas
- 2. Classificar suas dívidas e Criar uma Ordem de Pagamento
- 3. Criar um Cronograma de Pagamento
- 4. Listar todos os bens
- 5. Criar um orçamento mensal
- 6. Negociar com os credores
- 7. Criar uma reserva financeira

No Capítulo 3, vou abordar cada item desta lista. Agora, apresentarei um breve resumo das fases do Método Mobile que percorreremos durante a leitura do livro.

1. MAPEAR/MONITORAR

Com o mapeamento dos débitos e o monitoramento do orçamento pessoal ou familiar, é muito mais fácil verificar para onde está sendo direcionado seu dinheiro ganho com muito suor e que termina antes mesmo de chegar ao final do mês, e acompanhando a utilização através da planilha de orçamento mensal (há um link disponível no Capítulo 3 para você baixar a planilha), ficará muito mais claro atacar os desperdícios e as dívidas que não agregam valor à sua vida.

> ▶ O sucesso financeiro não está em quanto você ganha, mas sim na diferença entre seu ganho e gasto mensal. Esse valor positivo, se economizado ao longo dos anos, proporcionará mais segurança e tranquilidade para a realização de seus sonhos.

Muitos culpam outras pessoas por causa de seu endividamento ou fracasso financeiro e a transferência de culpa, na maioria das vezes, acontece para fugir das responsabilidades. Acredito que você não é uma dessas pessoas, pois decidiu ler este livro para organizar a sua vida financeira.

2. OBJETIVAR

Nesta segunda fase, é hora de pensar no que realmente o motiva e definir seus objetivos, refletindo sobre os sonhos individuais e coletivos. Em termos simples, um objetivo é algo que você planeja alcançar, como, por exemplo, sair da inadimplência, adquirir um carro, uma casa ou mesmo conquistar a tão sonhada independência financeira.

> ▶ O ideal é que você digite seu objetivo no computador ou escreva em um pedaço de papel e o tenha sempre em vista. Um objetivo não escrito é somente um desejo, e colocando um tempo limite para conquistar seus objetivos que devem ser realistas e alcançáveis.

Acredito ser esta a fase mais importante de um planejamento financeiro, pois com um objetivo bem definido, será muito mais fácil lutar e enfrentar as possíveis dificuldades que aparecerão ao longo do caminho, criando hábitos que o levarão a consumir de forma planejada e consciente, então, para auxiliar na definição de seus objetivos é muito importante que você leia o Capítulo 6 — "Como definir seus objetivos".

3. BALANCEAR

Após estabelecer quais são seus objetivos e sonhos, você passará para a fase de balancear a distribuição de seus recebimentos de acordo com suas prioridades. Após efetuar a relação com todos os credores, identificar se há aplicação que poderá ser resgatada, se há bens que podem ser vendidos e quais contas podem ser diminuídas ou eliminadas, você determinará o quanto de sua renda mensal será capaz de direcionar para o pagamento das pendências financeiras sem comprometer sua qualidade de vida.

Serão priorizados gastos que agregam valor à sua vida e, nesta fase, você iniciará a constituição da reserva financeira, que é importante para o caso de ausência do salário de algum provedor. É através dessa consciência que você conseguirá diminuir os desperdícios e economizar dinheiro, contando com a participação e a colaboração de todos os integrantes da família, e para que isso ocorra, apresente o desafio como uma competição recreativa e não como um problema.

Todo sacrifício é válido para se livrar do endividamento e posteriormente realizar os seus maiores sonhos. Como este livro tem o foco na eliminação das dívidas e alterar seus hábitos pessoas e financeiros, vou me concentrar nos três primeiros passos do Método Mobile, os demais passos podem ser aprofundados no livro *Economizar sem Perder o Prazer de Viver*.

4. INVESTIR

Uma vez que as contas foram colocadas em ordem e foi separado um valor para a reserva financeira, deve-se investir parte de seu dinheiro para garantir a realização de seus sonhos. É muito importante que você tenha disciplina e que se empenhe em obter seus objetivos, não deixando de investir por qualquer situação adversa e principalmente utilizando tal valor conquistado para a compra de itens supérfluos.

> ▶ Se você é uma daquelas pessoas que não têm essa disciplina requerida, mas deseja realizar seus sonhos, você tem uma opção… E ela se chama "investimentos programados". Você descobrirá que o importante não é investir muito, mas, sim, investir sempre. O melhor investimento é aquele feito regularmente.

Portanto, para o melhor aproveitamento, procure separar um valor para ser investido tão logo suas dívidas sejam eliminadas, pois você poderá aproveitar as taxas de juros e a ação do tempo sobre o valor investido. Uma excelente dica para as pessoas que estão iniciando no mundo dos investimentos é investir em conhecimento. Por isso, recomendo a leitura do meu livro *Economizar sem Perder o Prazer de Viver* — www.economizareviver.com.br.

5. LAPIDAR

Nesta fase do planejamento, independentemente do nível de desempenho atingido, sempre existirá espaço para melhorar. Identificar as áreas mais fracas do planejamento financeiro para aperfeiçoar e lapidar as habilidades e permanecer rumo à realização de seus sonhos, analisando o orçamento e verificando onde pode ser melhorado, o que não significa cortar mais gastos, mas visualizar se eles estão de acordo com seus objetivos.

> ▶ Este procedimento poderá sempre ser realizado ao longo do trajeto para identificar possíveis alterações e adequar o planejamento com sua fase atual na vida. Muitas vezes, não é possível cortar mais gastos de um orçamento já enxuto, nessa hora, você deve focar em obter outras formas de aumentar os seus rendimentos.

Através de muita disposição e com alguns sacrifícios, será possível sair de situações desesperadoras. Os dias de sofrimento e angústia com noites mal dormidas poderão ser transformados em dias melhores. Não é preciso nenhum método mirabolante ou mágica para isso, basta seguir os passos até aqui mencionados e se comprometer em realizá-los.

6. EXALTAR

Esta é a fase da celebração, de comemorar as conquistas obtidas nesse trajeto e permanecer com o plano de conquista da independência financeira, caso não a tenha obtido, já que, ao seguir o plano, é apenas questão de tempo para alcançar seu objetivo.

RESUMINDO OS TRÊS PASSOS PARA ELIMINAR AS DÍVIDAS

- ▷ Mapear as dívidas e monitorar na planilha as entradas e saídas.
- ▷ Refletir sobre seus objetivos e sonhos e alterar seus hábitos financeiros.
- ▷ Balancear o orçamento priorizando o mais importante.

Estes são os passos que utilizaremos ao longo do livro para que você possa eliminar as dívidas e prosperar financeiramente. Para que você entenda como o Método Mobile pode mudar sua vida, vou me apoiar no exemplo de minha própria trajetória, que contarei no capítulo a seguir.

▶▶▶▶▶▶

A ordem de apresentação dos capítulos segue um critério lógico: do endividamento à prosperidade financeira. Hoje o número de pessoas endividadas é muito grande, mas nem todas estão em uma situação alarmante, portanto, se o endividamento não é algo preocupante para você, mas a falta de dinheiro sim, você poderá iniciar a leitura pela Parte II do livro.

▶ PARTE I

ELIMINAR
AS DÍVIDAS

▶1
OS TRÊS MAIORES
PROBLEMAS CAUSADOS
PELO ENDIVIDAMENTO

Nasci em uma família pobre, porém, muito humilde e batalhadora. Meus pais se empenharam muito para cuidar dos quatros filhos, com uma vida de muita privação, e isso me fez lembrar de uma das histórias que minha mãe me contou:

> ▶ Ela trabalhava em uma casa de família e esperava os patrões almoçarem para somente depois ter sua refeição, entretanto, quando chegava a tão aguardada hora do almoço, ela não o fazia porque guardava o alimento para que nós pudéssemos ter um jantar. Essa é uma atitude que os pais não pensam duas vezes em tomar em relação aos filhos.

Ao longo do tempo, passamos por uma grande transformação desde os períodos mais difíceis e assim, nosso barraco virou uma casa de tijolos, a falta de alimentos foi cada vez menos constante, e começamos a ter contato com brinquedos que antes só víamos em lojas ou na televisão, e parecia que a prosperidade financeira seria questão de tempo, contudo, o aumento do poder aquisitivo não veio acompanhado de educação financeira e as escolhas e decisões estavam nos deixando cada vez mais próximos do endividamento. Lembro-me de um carnê sem fim de uma financeira (agiota) que cobrava juros exorbitantes (segundo o que meus pais relatavam) e enviava diversas cartas de cobranças para que a dívida fosse quitada.

Esse comportamento foi seguido à risca no decorrer do tempo, tendo como prioridade o pagamento de dívidas: contas, cartão, carnê ou boletos e era frequente a escolha do pagamento de uma despesa em detrimento de outra. Na verdade, um orçamento equilibrado nunca foi prioridade dos meus pais, e isso pode ter ocorrido por diversos motivos, sendo a falta de educação financeira o principal deles.

- Um dos exemplos que posso citar é sobre um retiro que frequentávamos no Carnaval. Era um lugar maravilhoso e os dias que passávamos lá faziam com que esquecêssemos de qualquer problema financeiro.
- Porém, íamos do céu ao inferno muito rapidamente, pois assim que chegávamos de viagem, não havia dinheiro para o pagamento das contas de água e luz, como se chegassem de surpresa, e ficávamos um bom período sem os dois serviços, que são essenciais e devem ser prioridade em qualquer orçamento financeiro.

Apesar de ser um pouco mais prudente, acabei seguindo o caminho dos meus pais e me endividei com alguns itens que poderiam ser adquiridos por meio de um planejamento financeiro, entretanto, muitos de meus gastos eram conteúdos de informação, principalmente por um primo, que foi meu grande mentor na adolescência (obrigado, Adilson Mendes de Oliveira), a maioria de meus gastos foram voltados para a educação e como Robert Kiyosaki, autor do livro *Pai Rico Pai Pobre*, eu tive dois ensinamentos e conheci duas realidades:

- A realidade das pessoas que vivem se lamentando pela oportunidade que nunca tiveram na vida e a realidade das pessoas que criam suas próprias oportunidades.

Decidi seguir o caminho das pessoas que criam suas oportunidades, porém, esse caminho foi feito sem planejamento financeiro e por meio de dívidas e então, comecei a passar meus dias pensando se não haveria nenhuma alternativa na vida que eu levava. Recordo-me do dia em que olhava pela janela do local onde trabalhava e era um dia nublado e chuvoso, da mesma maneira como eu me sentia por dentro. Sem saber o que fazer, fiquei olhando perdido para o horizonte e tentando achar uma solução para minhas contas atrasadas, mesmo trabalhando das 9h às 18h, ganhando bem menos do que merecia e, às vezes, nem dinheiro para uma simples refeição eu tinha, e a maneira que eu encontrei para contornar a situação era comprar um pacote de biscoitos e dividi-lo para que durasse uma semana. Meus colegas de trabalho me chamavam para almoçar na copa com eles, mas eu recusava, porque não tinha uma marmita para acompanhá-los e isso me doía bastante. Gostaria muito de estar ao lado deles e ter uma refeição descente, mas evitava o constrangimento de ter que explicar o porquê de comer biscoitos todos os dias. Diante dessa situação, eu resolvi procurar uma solução.

Existe uma passagem bíblica que retrata exatamente esse momento e que causa em mim um enorme sentimento de fé e confiança:

> *"Portanto, não olhamos para aquilo que podemos ver atualmente, as dificuldades que nos rodeiam, mas olhamos para frente, para as alegrias do céu que nós ainda não vimos. As aflições logo desaparecerão, mas as alegrias futuras durarão eternamente."*
>
> 2 Coríntios 4:18

Comecei a ler diversos livros sobre finanças pessoais e, por meio deles, desenvolvi um método que serviu tanto para mim quanto para diversas outras pessoas que passavam pelos mesmos problemas, e será apresentado para você neste livro. Não espere chegar à mesma situação que eu cheguei, comece a tomar uma atitude em sua vida agora!

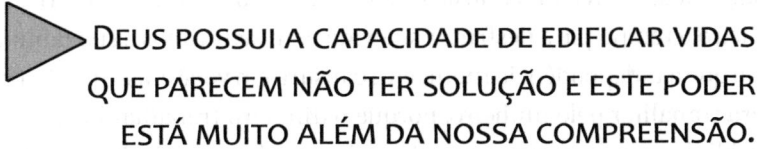

DEUS POSSUI A CAPACIDADE DE EDIFICAR VIDAS QUE PARECEM NÃO TER SOLUÇÃO E ESTE PODER ESTÁ MUITO ALÉM DA NOSSA COMPREENSÃO.

Enquanto eu estava exatamente na mesma situação que você pode se encontrar neste momento, sem perspectiva e sem dinheiro, eu imaginava como seria minha vida dali a alguns anos, mas confesso que não gostava nada do que via, pois era uma pessoa sem disposição, infeliz e arrependida por não ter tentado algo mais e não ter enxergado as oportunidades que me fizessem ter noites tranquilas de sono sem preocupações ou dores de cabeça, com mais tempo para os meus filhos, enfim, uma pessoa com a clara percepção de que perdeu a coisa mais preciosa da vida: o tempo. Via nos olhos de minha esposa o quanto ela estava infeliz com aquela situação, devido à privação que estávamos passando, tendo que pagar uma conta em detrimento de outra e rezar para que não cortassem o serviço da conta que deixamos de pagar, e nessa minha visão, por diversas vezes, desisti de meus objetivos, porque estava cansado de lutar, acreditando que já havia tentado de tudo e que não adiantaria buscar um salário maior.

Contudo, com a leitura de diversos livros, pude enxergar uma luz ao fim do túnel e percebi que o que me faltava, na verdade, era organização, um método que pudesse me ajudar nesse caminho. O que apresento neste livro para você é exatamente esse único detalhe que está faltando em sua vida. **Um único Método.**

> *"Aqueles que semeiam com lágrimas, com cantos de alegria, colherão. Aquele que sai chorando enquanto lança a semente, voltará com cantos de alegria, trazendo os seus feixes."*
>
> Salmos 126:5-6

Alcancei a independência financeira e continuo me especializando para ter mais tempo para mim e minha família, mas como eu consegui superar o problema do endividamento? Eu descobri e utilizei um método.

Imagine se você não se preocupasse com dívidas, se sua maior preocupação fosse pensar no que fazer com seu tempo livre? Se você tivesse dinheiro e tempo para desfrutar sua vida com seus filhos e sua família? É isso que a independência financeira causará em você e, assim, não precisará trabalhar pelo dinheiro, porque o dinheiro trabalhará para você e decidirá o que fazer com sua vida, pois terá abundância do nosso bem mais precioso: o tempo, entretanto, o que vale mais para você: tempo ou dinheiro? O dinheiro você pode conseguir por meio do seu trabalho, já o tempo, nunca conseguirá adquiri-lo novamente, portanto, pode seguir o caminho que eu fiz, através de muito estudo e dedicação, ou seguir o método que criei, oferecendo economia de tempo para organizar a sua vida financeira.

Espero que siga o caminho que preparei para você eliminar suas dívidas para sempre, e continuarei com esse bate-papo sobre minha história no sexto capítulo, quando revelarei como o sonho de uma criança pôde transformar uma vida. Mas antes de darmos o primeiro passo rumo ao equilíbrio financeiro, listarei quais os três maiores problemas causados pelo endividamento, caso as adversidades não sejam levadas a sério e combatidas de forma eficaz com o método certo.

OS TRÊS MAIORES PROBLEMAS CAUSADOS PELO ENDIVIDAMENTO

Qual foi a última vez que você dormiu sem preocupação e teve aquela noite de sono maravilhosa? Qual foi a última vez que sobrou dinheiro no fim do mês, na conta bancária, mesmo depois de ter pagado todas as despesas e comprado os seus objetos de desejo?

Você já se perguntou por que a vida tem sido tão dura? Você já se perguntou se existe um caminho mais fácil, para viver sem muita privação, com mais dinheiro e felicidade? Você sabia que seu casamento pode ir para o buraco devido às suas dívidas? Você sabia que o endividamento pode ocasionar ansiedade, depressão e até infarto? Já vivenciei os três maiores problemas causados pelo endividamento e compartilho com você que é um processo muito doloroso, contudo, eu alcancei o equilíbrio financeiro e quero muito te ajudar nessa travessia, pois, nem sempre fui financeiramente independente e com tempo livre para viver a vida com minha família. Eu também já vivi espremido entre a hora de acordar e a hora de dormir, não me sobrando dinheiro para praticamente nada e sempre torcendo para chegar o próximo pagamento.

O dinheiro vivia insistindo em terminar sempre antes do final do mês, mas não vivo mais assim porque entendi como o sistema funciona e quais as regras e soluções que alguns felizardos criaram para sair da corrida dos ratos, e agora tenho uma renda passiva que me garante tempo livre para cuidar dos meus filhos e viajar com minha família, portanto, é fundamental que você saiba quais são os três maiores problemas causados pelo endividamento e como eles podem afetar a sua vida.

1. PROBLEMAS NA SAÚDE CAUSADOS PELO ENDIVIDAMENTO

Você sabia que pode sofrer de dores de cabeça constantes, dor de estômago, ansiedade ou medo por causa de suas dívidas? Esses são apenas alguns dos males provocados pelo endividamento. A má notícia é que esses problemas podem se agravar ainda mais.

Os problemas causados pelo excesso de dívidas são muito piores do que você pode imaginar. Segundo pesquisa efetuada em 2013 pela Universidade Northwestern, dos Estados Unidos, os efeitos causados pelas dívidas que comprometem mais de 50% do orçamento doméstico e que persiste por meses ou anos — conhecida como dívida crônica — são muito avassaladoras para a saúde e ainda segundo o estudo, os problemas do endividamento afetam todo o organismo causando uma reação em cadeia. Esse efeito pode elevar a probabilidade de problemas muito graves como úlceras e derrames.

O número de famílias endividadas no Brasil, em 2018, fechou próximo de 60%, segundo pesquisa Nacional de Endividamento e do Consumidor divulgada pela Confederação Nacional do Comércio, mostrando que a maioria das famílias brasileiras está aflita por não ter dinheiro para pagar as suas contas, e os problemas causados pelo endividamento têm que ser levados muito a sério, pois podem provocar outras complicações como depressão, ansiedade, aumento ou perda de apetite, queda de cabelo e até mesmo infarto. Para saber como está o seu emocional, responda o teste a seguir, utilizado pela Serasa Experian em parceria com o Ambulatório de Transtornos do Impulso do Instituto de Psiquiatria do Hospital das Clínicas de São Paulo.

AVALIE SUA SAÚDE FINANCEIRA

PRÉ-TESTE

Para identificar seu perfil financeiro/comportamental, responda sim ou não para cada uma das questões abaixo:

- Gasta mais de 30% da sua renda mensal com prestações de financiamento (casa, carro, carnê do varejo, crédito pessoal, consignado, crédito tomado no cartão)?

    ( ) Sim   ( ) Não

- Gasta mais do que 15% da sua renda mensal com prestações de financiamento sem garantias, ou seja, todas as citadas acima exceto carro, casa e crédito consignado?

    ( ) Sim   ( ) Não

- Você se vê impossibilitado de pagar, com seu rendimento mensal, as dívidas atuais e futuras, sem comprometer o próprio sustento ou de sua família?

    ( ) Sim   ( ) Não

Se você respondeu "sim" para ao menos uma das perguntas acima, vá adiante e faça o teste a seguir para avaliar se suas dívidas estão interferindo no seu estado emocional:

RESPONDA SIM OU NÃO

1. Tem dores de cabeça frequentes?
2. Tem falta de apetite?
3. Dorme mal?
4. Assusta-se com facilidade?
5. Tem tremores nas mãos?
6. Sente-se nervoso(a), tenso(a) ou preocupado(a)?
7. Tem má digestão?
8. Tem dificuldade de pensar com clareza?
9. Sente-se triste ultimamente?
10. Tem chorado mais do que de costume?
11. Encontra dificuldades para realizar com satisfação suas atividades diárias?
12. Tem dificuldades para tomar decisões?
13. Tem dificuldades no serviço (seu trabalho é penoso, causa sofrimento)?

14. É incapaz de desempenhar um papel útil em sua vida?
15. Tem perdido o interesse pelas coisas?
16. Você se sente uma pessoa inútil, sem préstimo?
17. Tem pensado em acabar com a própria vida?
18. Sente-se cansado(a) o tempo todo?
19. Tem sensações desagradáveis no estômago?
20. Você se cansa com facilidade?

AVALIAÇÃO

▶ **Se respondeu de 1 a 5 vezes SIM: sinal verde**

Apesar das suas dívidas, seu estado emocional não está comprometido.

▶ **Se respondeu de 6 a 9 vezes SIM: sinal amarelo**

É sinal de desequilíbrio financeiro que pode ser melhorado com uma reorganização pessoal.

▶ **Se respondeu de 10 a 20 vezes SIM: sinal vermelho**

É possível que suas dívidas estejam interferindo no seu estado emocional. Recomendo a ajuda de um psicólogo ou profissional de saúde e aconselhamento financeiro.

Conforme explica Tatiana Filomensky, coordenadora do grupo de tratamento a compradores compulsivos do Ambulatório de Transtornos do Impulso do Instituto de Psiquiatria do Hospital das Clínicas de São Paulo, independentemente dos motivos que levam à desorganização financeira, é comum que problemas dessa ordem gerem distúrbios emocionais, impactando as relações familiares, sociais e profissionais. "Problemas de concentração, perda de apetite, ansiedade, depressão, transtornos do sono, irritação ou mesmo choro fácil, também estão entre as complicações apresentadas por quem vive a situação de gastar além do que o orçamento permite", diz a psicóloga.

Há situações em que o consumidor inadimplente chega a ter pensamentos suicidas, tamanha proporção que o problema representa. Por esse motivo, em alguns casos, um dos caminhos indicados para terminar com o círculo vicioso gerado por comprar além das possibilidades, ficar inadimplente e sofrer por isso é — simultaneamente às renegociações das contas em atraso — procurar ajuda de um profissional de saúde mental ou de um psicólogo.

2. PROBLEMAS NO CASAMENTO CAUSADOS PELO ENDIVIDAMENTO

- Desentendimentos, incompatibilidades e problemas com o endividamento são uma das diversas causas de divórcio, segundo um estudo realizado pela Universidade do Kansas em 2013, nos EUA, e divulgado pelo jornal britânico Daily Mail, comprovando que casais que divergem por causa de dinheiro têm maior tendência a se divorciar do que casais que discutem sobre filhos e sexo.

O dinheiro é o principal motivador de separações, e entre os 4.500 casais acompanhados durante anos, foi constatado que o principal motivo de divórcio foram os conflitos gerados por causa de dinheiro, portanto, um dos problemas relacionados ao endividamento são as brigas constantes entre os casais, sendo um fator que pode afundar uma família. Algumas dívidas, sem o consentimento do cônjuge, podem ser ainda mais devastadoras. Sem compartilhar seu problema com dívidas para o resto da família, o endividado pode ficar ainda mais desesperado ao ver o cônjuge ou filhos gastando com algo que considera ser supérfluo naquele momento, e sem essa comunicação, não poderá contar com a colaboração de todos, aumentando ainda mais o saldo devedor. A infidelidade financeira — que são pequenas ou grandes mentiras envolvendo dinheiro — tornou-se um dos maiores responsáveis pelo divórcio.

- Para algumas pessoas, elas são mais prejudiciais do que a infidelidade tradicional — o adultério. Pois, além de gerar desgaste emocional, proporciona brigas calorosas por conta do patrimônio.

Outro grande erro que os endividados cometem em um relacionamento é esconder seus problemas financeiros dentro de casa por vergonha ou comportamento compulsivo.

> ▶ Presenciei um imprevisto com um casal recém-casado que estava querendo realizar o sonho da casa própria. Procuraram e encontraram a tão sonhada casa e, na hora das informações sobre o financiamento e conclusão do contrato, não puderam efetuá-lo, por conta de uma grande dívida do marido na instituição financeira. O detalhe mais importante desta história é que a esposa não tinha conhecimento sobre a dívida, logo, ficou sabendo pelo gerente do banco.

No fim das contas, o que falta para os casais é o diálogo e principalmente a confiança no relacionamento, pois você só se expõe e compartilha seus objetivos e sonhos com quem confia e te apoia, tornando-se necessário construir com seu cônjuge uma relação de confiança mútua, mas para isso é preciso haver o diálogo.

3. PROBLEMAS NO TRABALHO CAUSADOS PELO ENDIVIDAMENTO

A preocupação por conta do excesso de dívidas, como vimos anteriormente, pode ocasionar problemas de saúde e problemas no relacionamento, refletindo na hora de dormir, causando insônia, o que afeta diretamente a produtividade no trabalho. E como se isso já não fosse o bastante, as ligações de cobrança intermitentes são a ponta do iceberg emocional que esgota a motivação do trabalhador com dificuldades para pagar suas contas ou que já se encontra em situação de inadimplência e não consegue pagar tudo o que deve, tendo o nome incluído nos órgãos de proteção ao crédito.

Muitas empresas de cobrança costumam utilizar "estratégia de assédio psicológico" contra os devedores, infernizando suas vidas, ligando para seus telefones fixo e celular diversas vezes ao dia, a qualquer hora, nos feriados e finais de semana para vizinhos, familiares e para o trabalho.

É difícil mensurar com precisão os prejuízos causados nas empresas por causa do endividamento dos funcionários, mas as perdas existem devido à instabilidade emocional pelo qual atravessa o funcionário, ocasionando a quebra de concentração e baixa produtividade, abrindo as portas para a insatisfação geral com a vida e até com o emprego.

Quantas pessoas você conhece que vivem reclamando do trabalho, da vida ou de qualquer outra coisa? Esse fator está fortemente relacionado à sua vida pessoal e ao endividamento, podendo piorar ainda mais, porque essa insatisfação pode levar à perda do emprego e consequentemente à diminuição da renda e ao aumento das dívidas.

PROBLEMA DOMINANTE CAUSADO PELO ENDIVIDAMENTO: MEDO

- ▶ Seu telefone toca insistentemente e você tem medo de atender porque pode ser um credor cobrando aquela dívida, ou pior, já estão efetuando ligações de cobrança para a casa de seus familiares.
- ▶ Você evita passar por alguns lugares, pois sabe que comprou fiado ou tem que pagar àquela pessoa que te emprestou dinheiro na hora do sufoco e isso me fez lembrar de uma história:

Certa vez, meu pai havia me dado dinheiro para comprar algo no estabelecimento da esquina. Quando cheguei ao local, o vendedor se recusou a me vender a mercadoria porque meu pai já estava devendo há muito tempo, e ainda disse para todos que estavam no local, que não venderia para o filho do caloteiro.

- ▶ Não participa mais de alguns encontros de família porque está devendo seu irmão ou cunhado e tem vergonha de encará-lo.
- ▶ Você tem medo de abrir os diversos envelopes de cobranças recebidos pelos Correios, pois pode ser intimado a devolver aquele bem que adquiriu com dificuldade e que só tem algumas parcelas em atraso.
- ▶ Utiliza o cheque especial ou o rotativo do cartão de crédito porque tem medo de falar com seu gerente de banco sobre

a sua situação, pois acredita que ele já foi "bonzinho" por aumentar o limite do cheque especial.

▶ O MEDO É O MAIOR PROBLEMA CONTRA A INADIMPLÊNCIA, PORQUE PARALISA AS PESSOAS DEVIDO A ESSES E ALGUNS OUTROS MOTIVOS.

Para obter o controle e a tranquilidade financeira novamente, você enfrentará o seu maior medo e se não tomar nenhuma atitude, as dívidas farão parte de sua vida para sempre, e não só elas, você ficará exposto(a) a todos os males mencionados decorrentes do endividamento, mas tenho certeza que você não quer passar por nenhum desses problemas, e para que isso não ocorra, você deverá agir imediatamente.

▶▶▶▶▶▶

Liberdade é algo que sempre devemos buscar e cultivar com todas as nossas forças e com total dedicação. Agora reflita: você tem liberdade estando com diversas dívidas, financiamentos, prestações e empréstimos para honrar? Mesmo que possua uma renda elevada, mas a utiliza completamente com seus gastos, você acha que tem uma vida próspera e saudável financeiramente? Caso pare de trabalhar hoje, por quanto tempo você se manteria financeiramente, com base em suas reservas financeiras, até encontrar outra colocação ou fonte de renda?

A vida que você está levando hoje é a vida que te proporcionará tranquilidade financeira em breve ou você chegará à aposentadoria e diminuirá seu padrão como acontece com muitas pessoas quando chegam nessa fase da vida? Não é necessário ir muito longe: se você perder seu emprego hoje, como se manterá nos próximos dias ou meses?

Você viu que os problemas causados pelo endividamento são muito graves, mas você sabe o motivo de estar endividado(a)? Então me acompanhe até o próximo capítulo porque revelarei quais são os maiores vilões do endividamento.

▶ 2
OS CINCO GRANDES
MOTIVOS MAIS FREQUENTES
QUE LEVAM À INADIMPLÊNCIA

Para sair definitivamente do endividamento é fundamental admitir que as dívidas são resultados de escolhas erradas e que será necessário comprometimento e disciplina.

Algumas atitudes, como parcelar as compras, mesmo sabendo que o orçamento está apertado, entrar em financiamento de longo prazo como a compra da casa ou carro, utilizar o cheque especial como uma extensão do salário, emprestar o nome para terceiros, tudo isso poderá levá-lo ao endividamento, quando esses gastos sobrepuserem seus rendimentos, porém, situações inesperadas como desemprego ou problemas de saúde que podem acontecer a qualquer um, agravam esse quadro e muda repentinamente a vida financeira das pessoas, principalmente se não há reserva financeira para tal finalidade.

Um levantamento efetuado pela Serasa em 2015 revela que a perda do emprego é o motivo mais frequente para a inadimplência dos brasileiros — 26% dos inadimplentes culpam o desemprego pelo atraso das contas. O segundo maior motivo para a inadimplência é o descontrole financeiro, apontado por 17% dos entrevistados e seguido por 7% dos que esquecem de pagar as contas. Outros 7% dizem ter emprestado o nome para terceiros, e 7% justificam com despesas extras com serviços, educação e saúde.

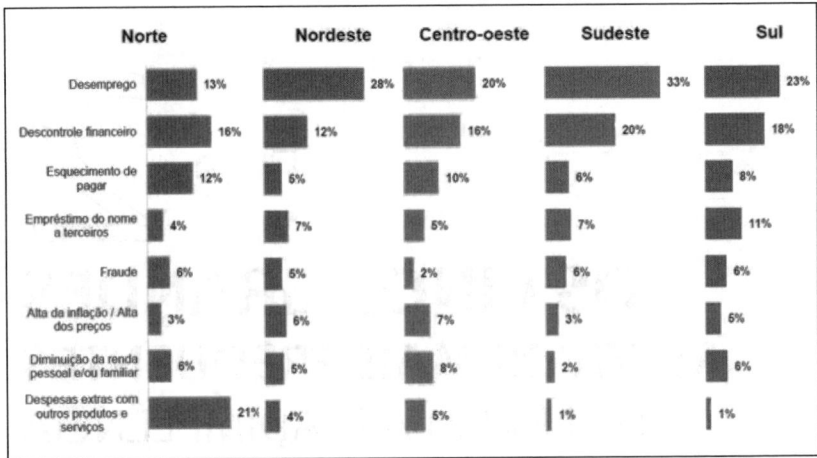

Fonte: Serasa

O percentual de pessoas no vermelho que indica o desemprego como motivo é maior no Sudeste, onde atinge 33% do total de entrevistados. Não muito distante, o Nordeste aparece em segundo lugar, com 28% dos entrevistados confirmando ser esse o motivo do nome sujo, seguido pelo Sul, com 23% e o Norte, com 13%.

Para sanar esse problema, muitas pessoas procuram por nós, educadores financeiros e especialistas em finanças, quando já estão no fundo do poço. Aliás, permita-me apresentar-me:

> ► Sou life coach e analista DISC (análise de perfil comportamental) pela SLAC — Sociedade Latino-americana de Coach. Planejador financeiro pessoal e familiar. Graduado em ciências da computação pela Universidade Nove de Julho e certificado CEA–ANBIMA (especialista em investimentos). Cofundador da InvestMobile, empresa que presta consultoria financeira pessoal e familiar, com o objetivo de auxiliar pessoas e famílias a conquistar seus sonhos de forma planejada e organizada.

Entretanto, grande parte dessas pessoas, quando são confrontadas com a verdade de que para se livrar das pendências financeiras necessitam de uma dose de sacrifício e muito comprometimento, abandona o processo de organizar o orçamento, até porque, não é muito agradável ter alguém que aponte os nossos erros, culpando-nos pela situação em que nos encontramos, mas é importante perceber que a decisão de gastar mais do que ganha e não economizar nada, é nossa. É necessário aceitar a responsabilidade pela situação e entender que é importante mudar a forma como se relaciona com o dinheiro, sendo essencial avaliar a gravidade da situação financeira, afinal muitos só têm uma noção parcial dos débitos e de alguns compromissos financeiros.

Além de assumir a responsabilidade, outro fator importante é o emocional que conta muito nesse aspecto e que deve ser levado em consideração. Pesquisa feita em 2015 pelo SPC Brasil e pela CNDL (Confederação Nacional de Dirigentes Lojistas) concluiu que 48% dos consumidores inadimplentes sentem vergonha de suas dívidas.

Outro fator relevante que devemos considerar é que 43% dos entrevistados com contas atrasadas por mais de três meses disseram que sentiram a autoestima afetada. Além disso, 39% dos endividados disseram sofrer de insônia e 31% possuem receio de atender o telefone. Outros sentimentos negativos que foram relatados pelos entrevistados são:

- Infelicidade (46%).
- Irritação e desespero (44%).
- Insegurança e medo de não conseguirem quitar as pendências (44%).

O emocional já entra em cena na hora da utilização do crédito mais caro. O empréstimo pessoal possui, em média, juros muito menores em comparação ao cartão de crédito e ao cheque especial, porém, para usufruir do empréstimo com menores taxas de juros, é necessário comparecer ao banco e falar com o gerente, mas o constrangimento de ficar cara a cara com ele é um fator determinante na utilização de créditos mais caros, inclusive, a vergonha como obstáculo fará com que você não tenha acesso ao crédito mais barato, portanto, erga a cabeça, coloque esse sentimento negativo de lado e parta para a eliminação das dívidas de sua vida.

Agora, detalharei sobre os cinco motivos mais frequentes que levam à inadimplência e o que você pode fazer para combatê-los.

1º GRANDE MOTIVO: DESEMPREGO

Você está desempregado e com dívidas? Há algum tempo vem enfrentado dores de cabeça constante e já não consegue dormir porque não sabe mais o que fazer para pagar as contas? Esse tipo de situação é frequente e costuma afetar a vida de muitas pessoas que estão desempregadas atualmente e, pior, com diversas pendências financeiras.

- ▶ O desemprego nos últimos anos vem sendo apontado como o principal responsável pelo endividamento. De acordo com levantamento realizado em outubro de 2017 pelo Serviço de Proteção ao Crédito (SPC Brasil) e pela Confederação Nacional de Dirigentes Lojistas (CNDL), 26% culpam a perda do emprego pela causa da inadimplência. Os outros motivos são: diminuição da renda (14%), falta de controle financeiro (11%) e o empréstimo de nome a terceiros (5%).

- ▶ No levantamento efetuado pela Serasa revela que a perda do emprego também é o motivo mais frequente para a inadimplência dos brasileiros — 26% dos inadimplentes também culpam o desemprego pelo atraso das contas.

Acredito que uma pergunta deva martelar em sua cabeça. Mas o que fazer, então, quando tenho muitas dívidas e perdi o emprego?

DESEMPREGADO E COM DÍVIDAS

A primeira atitude para quem está desempregado e com dívidas é manter a calma e não entrar em pânico. A pior coisa neste momento é entrar em desespero ou depressão. Você viu que distúrbios emocionais provocados pelo endividamento podem causar infarto e até o suicídio, então, tome muito cuidado. O desespero nunca foi e nunca será um bom conselheiro, e atitudes intempestivas só levarão ao agravamento de sua situação já delicada.

Outra atitude importante é ser sincero e comunicar imediatamente a família. Essa frase pode soar estranha para alguns, mas muitas pessoas escondem que ficaram desempregadas e possuem dívidas, contudo, se o seu cônjuge e filhos não souberem que você está desempregado, continuarão com o mesmo padrão de vida e essa falta de comunicação pode piorar ainda mais o endividamento. Mantendo o padrão de vida, mas com menos dinheiro entrando, é um passo certo para cair no abismo financeiro, e será muito mais complicado sair deste buraco depois.

PERÍODO DE FARTURA FINANCEIRA

Segundo levantamento da Serasa e do SPC Brasil, "26% dos inadimplentes culpam o desemprego para o atraso das contas", mas tem alguma coisa errada nessa frase. A culpa é do desemprego? O que faziam com o dinheiro quando estavam empregadas? Será que em algum momento não pensaram que poderiam ficar desempregadas?

Se, pelo menos, um pequeno valor por mês de seu salário fosse destinado para enfrentar os momentos de dificuldades na vida, não passariam por tanto sofrimento e privação. Portanto, a culpa de não conseguir pagar as contas não é do desemprego, do governo ou de qualquer outra situação. A culpa é sua por não ter economizado nos períodos de fartura para enfrentar as adversidades que sempre aparecerão ao longo de nosso caminho.

PERÍODO DE DIFICULDADE FINANCEIRA

O valor poupado no tempo de fartura é justamente para ser utilizado no período de dificuldade financeira. Você terá muito mais tranquilidade para enfrentar a queda parcial ou mesmo a perda total de sua renda, porque você seguiu religiosamente a cartilha e se preparou para um possível desemprego. Não será necessário jamais recorrer ou cair na armadilha das altas taxas dos empréstimos das instituições financeiras.

Outra situação que acontece frequentemente com pessoas que estão desempregadas e com dívidas é aceitar qualquer tipo de emprego para amenizar seus problemas financeiros. Se você estivesse mais bem preparado, você poderia analisar melhor as propostas de emprego e aceitar aquele que julgaria ideal. Ou mesmo efetuar um curso de aprimoramento durante o período de desemprego para buscar uma melhor colocação.

O QUE FAZER?

Partindo do princípio de que você não possui uma reserva financeira e não se preparou adequadamente para essa situação, vou apresentar algumas ações que você deve realizar imediatamente. Durante o período em que estiver desempregado e com dívidas, é essencial reduzir ao máximo as despesas de seu orçamento para aumentar a duração do valor da rescisão e do seguro-desemprego até normalizar a situação.

Você deve utilizar a planilha de orçamento mensal para monitorar as despesas como alimentação, educação, transporte, saúde etc. Por meio do mapeamento financeiro, você deve anotar todos os gastos realizados ao longo do mês. Registre desde os grandes até os pequenos gastos.[1]

É importante separá-los em categorias para saber exatamente para onde está indo cada centavo do seu dinheiro. A partir deste monitoramento, é hora de ver quais os excessos de seu orçamento e diminui-los, ou até eliminá-los. Elimine os gastos que são desnecessários neste momento, tais como: a assinatura de jornal, revista ou pacote completo de TV a cabo, a frequência em restaurantes e a mensalidade da academia ou outro item que possa te ajudar a fechar as contas. E além de eliminar os gastos desnecessários, é fundamental não assumir novos compromissos financeiros.

---

[1] Faça o download da planilha de orçamento mensal no site ead.li/ferramentas

Nem sempre substituir uma dívida por outra será a melhor escolha, porque suas dívidas podem se transformar em uma bola de neve. É por isso que muitas pessoas se veem em um abismo financeiro e se tornam inadimplentes.

2º GRANDE MOTIVO: DESCONTROLE FINANCEIRO

Descontrole financeiro é a inexperiência em lidar com o dinheiro e essa falta de habilidade tem que ser analisada sob o ponto de vista racional, sendo a falta da educação financeira como a principal causa e, também sob o ponto de vista da psicanálise, sendo uma delas a oniomania ou o desejo compulsivo por fazer compras. O descontrole financeiro devasta relacionamentos, destrói vidas, causa insônia e depressão. Por isso, é fundamental tomar muito cuidado com sua vida financeira. Se você possui o controle de seu orçamento, parabéns. Porque ter as contas organizadas nos permite realizar sonhos, dispor de mais lazer, sustentar nossa família, viver melhor no presente e planejar o futuro.

Não ter uma vida organizada financeiramente, restringe nossas escolhas e a capacidade de desfrutar de mais qualidade de vida. Qual dessas vidas você prefere? Não é de hoje que sabemos que o dinheiro está intimamente ligado à nossa vida. A abundância ou a falta dele tem profundos reflexos físicos, mentais e emocionais em cada um de nós. A inadimplência pode proporcionar uma pressão psicológica capaz de desencadear diversas sensações que são capazes de destruir uma vida, principalmente quando as dívidas estão fora do controle e a pessoa se vê no fundo do poço.

Os efeitos emocionais são devastadores e podem ser ainda mais prejudiciais para a nossa autoestima do que qualquer montante de dinheiro que se deve. Algumas pessoas pagam as dívidas e seguem em frente, porém, muitas outras sofrem os efeitos emocionais que levam muito tempo para serem curados, porque as pessoas não seguem o método correto e vivem à mercê dos acontecimentos, e quando percebem, estão atoladas em dívidas, envolvidas em uma montanha-russa emocional que parece não ter fim.

Além da importância de se organizar financeiramente, é fundamental consultar um profissional sobre quaisquer problemas físicos ou psicológicos que venham a ocorrer em decorrência das dívidas ou de qualquer outra situação, porque viver endividado ou estar sempre em apuros financeiros é como ter uma doença, e é necessário ser tratado.

3º GRANDE MOTIVO: ESQUECER DE PAGAR AS CONTAS

Tenho certeza de que você recebe um emaranhado de contas mensalmente e seu primeiro gesto é reclamar que não aguenta pagar tantas contas e acaba deixando-as em algum lugar para pagar depois, porém, este ato é um grande perigo, porque a dívida acaba caindo no esquecimento por conta das diversas tarefas e problemas que você tem que resolver no dia a dia. Você chega do trabalho cansado(a) e só quer saber de relaxar ou passar um tempo com sua família, e as contas nem passam pela sua cabeça.

Realizar todos os afazeres do dia a dia tem se tornado uma tarefa insana e não importa se são tarefas ou mesmo contas a pagar, os compromissos esquecidos sempre causam transtornos a qualquer pessoa, com isso, as contas acabam ficando no mesmo lugar que você deixou, sabe-se lá onde, para serem pagas quando tiver um tempinho nesta vida repleta de coisas para fazer. Gastar é uma das melhores sensações do mundo, o problema é esquecer de pagar as contas.

CONSEQUÊNCIAS DO ESQUECIMENTO DE PAGAR AS CONTAS

Devido às diversas tarefas do dia a dia, algumas pessoas constantemente têm esquecido de pagar as contas. O problema é que esse esquecimento pode sair muito caro e gerar uma enorme dor de cabeça. Além dos juros e multas, dependendo da conta esquecida, você pode ter seu nome negativado e, ainda pior, ter a interrupção do serviço devido ao atraso. O dinheiro já é curto e muitas vezes termina antes do final do mês. Agora, imagina ter que arcar com juros e multas devido ao seu esquecimento?

Pensando por esse lado, não é melhor tomar uma atitude agora para nunca mais ver seu suado dinheiro sendo desperdiçado com uma tarefa tão simples? Portanto, assuma que se trata de um problema grave e que precisa ser resolvido. Ao aceitar que é uma situação que precisa ser resolvida, você deve colocar em prática algumas ações que apresentarei a seguir:

SOLUÇÕES PARA NÃO ESQUECER DE PAGAR AS CONTAS

Você pode ter identificado que esquecer de pagar as contas é um problema que precisa ser resolvido. Apresentarei algumas soluções para que isso não ocorra mais. São soluções muito simples e você se perguntará: por que não pensei e não fiz isso antes? Mas não adianta ficar se lamentando pelo que passou, arregace as mangas e coloque em execução algumas ações que forem práticas para você.

▶ 1. Listar as contas a pagar

Lista de Contas a Pagar			
Dia	Descrição	Valor	Total
10	Água	87	87
15	Aluguel	1350	1350
15	Cartão de Crédito	150	600
5	Boleto Loja 1	60	360

A primeira atitude a tomar é listar todas as contas a pagar. Você pode utilizar a planilha de contas a pagar que disponibilizo por meio deste link ead.li/lista-contas. Nesta planilha, você colocará a data do débito, na descrição será digitado qual a conta a ser paga, e nas próximas colunas anote o valor e o total a ser pago.

▶ 2. Agendar o pagamento do boleto ou da conta no dia em que recebê-la

O boleto chegou em sua casa? Então não espere para tomar uma atitude depois. Aproveite as tecnologias de leitura de código de barras de seu celular e agende o pagamento de acordo com a data de vencimento descrita no boleto e com essa simples atitude, você nunca mais perderá a data de pagamento de algum boleto que chegar em sua casa, através de um gesto simples, porém, eficiente para não esquecer de pagar suas contas.

▶ 3. Colocar a conta no débito automático

Algumas contas como água, luz, telefone e outros serviços possuem a opção de débito automático e é muito simples: você cadastra a conta em seu banco e no dia do vencimento o valor é debitado automaticamente de sua conta corrente e para as pessoas que possuem saldo no banco, é uma boa maneira de não esquecer de pagá-las, principalmente, porque não existe cobrança adicional, entretanto, deve-se ter atenção dobrada para que haja saldo na conta corrente, porque caso não haja saldo, você recorrerá ao limite do cheque especial e não será nada inteligente, pois os juros do cheque especial são um dos maiores do mercado.

▶ 4. Receber os boletos via DDA

O DDA é um sistema que possibilita que o cliente receba sua conta por meio eletrônico — através do e-bank ou dos caixas eletrônicos — em vez do meio habitual com boletos de papel enviados pelos Correios.

O sistema mostrará as contas para consulta e o cliente escolherá a opção de pagamento que poderá ser efetuado por meio do internet banking, caixa eletrônico ou na agência bancária e para não perder os compromissos, você receberá um lembrete sobre os novos boletos ou com vencimento próximo quando acessar sua conta na internet ou nos terminais de autoatendimento.

Vantagens

▷ Redução do uso de papel — a transação será eletrônica
▷ Menos filas nas agências devido a maior utilização dos meios eletrônicos
▷ Maior segurança na entrega da cobrança
▷ Eficiência para o mercado pela simplificação do processo de recebimentos e pagamentos das empresas
▷ Agilidade, pois permite a redução do prazo para emissão da cobrança

▶ 5. Utilizar e registrar o pagamento da conta no seu orçamento doméstico

> Quase metade das pessoas que estão inadimplentes sequer sabem como andam suas próprias contas, de acordo com a pesquisa de 2018, do Serviço de Proteção ao Crédito (SPC Brasil) e da Confederação Nacional de Dirigentes Lojistas (CNDL). Segundo a pesquisa, 61% das pessoas inadimplentes não possuem muito conhecimento sobre suas próprias contas e 57% não têm conhecimento dos valores de produtos e serviços adquiridos através do crédito para pagar no mês subsequente. Dos entrevistados, 40,4%, às vezes, perdem a noção do quanto podem gastar em uma balada/saída, almoço/jantar e extrapolam o orçamento, ao passo em que 37,3% gastam mais dinheiro do que podem para aproveitar a vida e 37,1%, às vezes, deixam de pagar uma conta para comprar algo que estão com muita vontade de ter.

A falta de conhecimento dos compromissos assumidos é um dos maiores causadores da inadimplência, portanto, ter uma ferramenta de controle financeiro é fundamental para não esquecer de pagar as contas. Você deve ter o controle de todas as suas compras parceladas, seja com cartão, carnê ou cheque, evitando a possibilidade de esquecer algum pagamento. Evite o excesso de compras parceladas para não comprometer mais do que 30% de sua renda e lembre-se de que, enquanto estiver pagando as parcelas, elas impactam seu orçamento mensal, diminuindo sua renda disponível, logo, você é o principal responsável pelo gerenciamento de sua vida financeira.

Seu fluxo de caixa deve ser idêntico ao de uma empresa, com entradas e saídas, porque é assim que as empresas de sucesso prosperam. Anote todos os débitos agendados em sua planilha, deste modo, você terá uma visão real de seu orçamento e quais serão os próximos compromissos financeiros.

▶ 6. Antecipar o pagamento das contas que oferecem descontos

Existem algumas contas que possuem descontos caso o pagamento seja antecipado, tais como: financiamento da casa, financiamento do carro, pagamento à vista do IPTU e IPVA, anuidade dos órgãos fiscalizadores e reguladores como: Coren, CRM e outros. Verifique na escola do seu filho, academia e outros estabelecimentos qual o valor do pagamento da anuidade se for efetuado à vista e se houver um bom desconto, verifique a possibilidade de efetuar tal pagamento.

▶ 7. Renegociar em caso de dificuldade

Caso tenha esquecido de pagar alguma conta e o valor tenha aumentado muito por causa da multa e dos juros, aja rapidamente. Não protele, entre em contato com a empresa responsável pela conta e efetue a negociação para que o valor da parcela caiba em seu bolso, portanto, não espere que a "bomba estoure" e antecipe-se a uma possível turbulência maior, renegociando o quanto antes. No Capítulo 4, apresentarei qual a melhor forma de renegociar as dívidas com os credores.

▶ 8. Utilizar a data de vencimento a seu favor

Algumas faturas, como por exemplo, o cartão de crédito ou de concessionárias de serviços públicos (água, luz, telefone), permitem que você escolha a data de vencimento. É um facilitador para o seu controle financeiro, porque possibilita concentrar todas as faturas em um mesmo dia ou período do mês. Fica mais certo e seguro pagar as contas quando o vencimento é mais próximo da data em que você recebe seu pagamento.

Resumo: 8 Passos Necessários para Não Esquecer de Pagar as Contas.

1. Listar as contas a pagar
2. Agendar o pagamento do boleto ou da conta no dia em que recebê-la
3. Colocar a conta no débito automático
4. Receber os boletos via DDA
5. Utilizar e registrar o pagamento da conta no seu orçamento doméstico
6. Antecipar o pagamento das contas que oferecem descontos
7. Renegociar em caso de dificuldade
8. Utilizar a data de vencimento a seu favor

Há diversas maneiras de não esquecer o pagamento das contas e você deve utilizar uma ou todas as formas para isso. O dinheiro que não está sobrando no final do mês, muitas vezes, é relativo às contas esquecidas, e caso esteja com o orçamento contado, não arcará com juros e multas das contas não pagas, por isso é fundamental também que você se certifique de que sempre haverá saldo em sua conta quando for agendar o pagamento, afinal, não adianta agendar a conta para evitar o esquecimento e se livrar dos juros e multas, sem deixar saldo suficiente para o débito em sua conta.

> ▶ **Outro detalhe importante:** Algumas pessoas vinculam o pagamento de algumas contas ao cartão de crédito. Porém, o que poucos sabem é que esse serviço possui uma taxa, não sendo benéfico para a estratégia de evitar o desperdício de dinheiro.

4º GRANDE MOTIVO: EMPRESTAR O NOME PARA TERCEIROS

Nome emprestado é o quarto maior causador de inadimplência e, na maioria das vezes, é para socorrer um familiar ou amigo que está passando por alguma situação emergencial. Pela sabedoria popular, o nome é considerado o maior bem, contudo, muitas pessoas não dão a devida atenção que ele merece.

- Pesquisa revela que 21% dos consumidores brasileiros já pediram o nome emprestado para fazer compras no cartão de crédito. Na maioria das ocasiões (37%) para comprar calçados e (34%) para roupas. Essa informação integra a sondagem realizada em 2015 pelo Serviço de Proteção ao Crédito (SPC Brasil) e a Confederação Nacional de Dirigentes Lojistas (CNDL).

- Entre as razões mais frequentes para ter solicitado o nome emprestado, estão: nome sujo e estouro de limite do crédito, porém, dado assustador é que grande parte das compras não se reverteu a itens essenciais. Além do vestuário, o nome emprestado foi utilizado para comprar eletrodomésticos (25%), móveis para casa (24%), computadores, notebooks e tablets (20%), smartphones e eletrônicos (15%).

Ao assumir a dívida de terceiros, por inocência ou por simples gentileza, a pessoa passa a responder por todas as implicações financeiras e jurídicas da situação, e caso o tomador do nome emprestado não seja capaz de quitar o débito, quem pagará a conta é você.

OS PERIGOS DO NOME EMPRESTADO

Quase um terço dos entrevistados (31%), disse que teve de recorrer ao empréstimo de nome por estar com o CPF registrado em cadastros de inadimplentes e 24% alegam ter estourado o limite do cartão de crédito ou do cheque especial.

▶ Segundo o levantamento, 6% dos entrevistados que tomaram o nome emprestado afirmam não ter informado a pessoa solicitada sobre o valor que seria gasto na compra.

O maior perigo de emprestar o nome é ficar inadimplente devido ao não pagamento por parte da pessoa que solicitou o nome emprestado. Isto pode significar oferecer o nome e o CPF para pagar uma compra, o cartão de crédito, cheque ou qualquer outro meio de pagamento que coloque seu nome em risco destinado a um familiar, amigo ou até colega de trabalho.

O endividamento é uma das piores situações para se lidar, principalmente em tempos de crise. E pior ainda, é quando o débito foi realizado por outra pessoa, o que é muito comum entre os brasileiros, quando a pessoa que empresta o nome e não tem a despesa paga pelo devedor termina arcando com a dívida e pode ser acionado judicialmente.

PRINCIPAIS MOTIVOS PARA PEDIR O NOME EMPRESTADO

Por que as pessoas pedem o nome emprestado? Existem três principais motivos:

1. A pessoa que pediu está inadimplente e com o nome restrito
2. Dificuldade em se comprovar a renda
3. Renda abaixo do exigido para concessão de um limite de crédito

Analisando esses três motivos, veja o perigo que você está correndo ao emprestar o nome:

▷ A pessoa que pediu o nome emprestado já está inadimplente e com o nome restrito, logo, não se preocupou com o próprio nome, imagine com o nome de terceiros?

▷ Se tem dificuldade em comprovar renda, o risco de não conseguir pagar a conta é muito alto.

▷ Outro fator de risco altíssimo: quer um limite de crédito maior e possui a renda muito baixa.

COMO EVITAR EMPRESTAR O NOME?

Existe somente uma única maneira de não correr o risco de ficar inadimplente ao emprestar o nome: Dizer NÃO!!! As pessoas às quais os entrevistados mais recorreram foram os pais (32%), amigos (21%) e familiares (20%). É muito difícil dizer não para alguém muito próximo que precisa de ajuda, mas essa é a melhor decisão que você pode tomar.

Porque se o seu amigo ou familiar não conseguir pagar, é você que terá que ficar com a dívida e é seu nome que poderá entrar na lista de inadimplentes.

Foi justamente por essa situação que passou Júlio Cesar:

Júlio Cesar e sua esposa emprestaram folhas de cheque para um casal próximo que se casaria em breve, porque a pessoa que presentearia o casal com o vestido de noiva estava com restrição no nome.

> *Pensávamos que eram nossos amigos e emprestamos R$400 reais, que era em torno do eu que ganhava na época, ou melhor dizendo, emprestamos quatro folhas de cheques no valor de R$100 reais cada uma.*
>
> *O casamento foi uma bênção, mas depois de um tempo, começamos a receber telefonemas e correspondências de cobrança, por qual motivo? As pessoas que cobririam o cheque não cobriram, por isso, fiquei inadimplente e levei dois anos para limpar o meu nome.*

Na maior parte das vezes, não se trata de má-fé por parte de quem solicitou, porém, a confiança entre você e a pessoa que te pediu o nome emprestado nunca mais será a mesma. Imagine em uma reunião de família, você tendo que encarar e manter o bom convívio com a pessoa para quem você emprestou seu nome e que nem satisfação lhe apresentou por não quitar as dívidas?

> **"O MAIOR PATRIMÔNIO QUE UMA PESSOA PODE TER É SEU NOME."** DITADO POPULAR

O pior disso tudo é a pessoa estar te devendo e você verificar que ela acabou de adquirir o mais novo modelo de TV com a assinatura de um novo pacote com diversos canais. Comprou um celular de última geração e fica postando selfie de suas últimas viagens no Facebook.

COMO RESOLVER A SITUAÇÃO

Caso você já tenha emprestado seu nome e a conta não foi paga, não adianta entrar em desespero ou querer tomar qualquer atitude radical. A única e melhor solução para resolver esse problema é negociar e quitar a dívida. A responsabilidade sobre a dívida fica no nome da pessoa que o emprestou, pois é considerado o titular da pendência financeira e será colocado na lista de restrição de crédito.

Além da enorme dor de cabeça e das noites mal dormidas de ter o nome negativado por culpa de terceiros, você terá ainda o transtorno de ter que negociar com o estabelecimento ou instituição financeira uma dívida que não é sua. Este é o único caminho para resolver a situação e ter seu nome limpo novamente. Por meio da negociação, algumas empresas podem diminuir ou retirar os juros e multas, o que facilitará, e muito, o pagamento do débito.

TRÊS DICAS PARA NÃO ENTRAR NESTA FRIA

- ▶ Se você é aposentado e tem fácil acesso ao crédito consignado, que tem taxas de juros mais baixas que as demais linhas de crédito, não ceda em fazer a contratação para filhos, netos ou qualquer outra pessoa. O crédito consignado é uma das principais razões do superendividamento de idosos no Brasil.

- ▶ Quando alguém solicitar que você faça um empréstimo, aquisição ou contratação de crédito, demonstre-se solidário com a situação que a pessoa está passando, porém tenha firmeza: exponha os riscos e diga que você não pode emprestar o nome, mas talvez possa ajudar de outra forma, como, por exemplo, indicando alguma forma de trabalho extra, de maneira que ela junte dinheiro para fazer o que pretende.

▶ Se mesmo entendendo todos os riscos envolvidos você consentir em emprestar seu nome, poderá exigir algum tipo de garantia, como, por exemplo, um contrato feito em cartório, nota promissória ou cheque pré-datado, entretanto, isso não evitará que seu nome vá parar na lista de restrição de crédito. Mas, depois de pagar a sua dívida, você poderá entrar na Justiça para tentar receber o valor que desembolsou, caso a pessoa não te pague.

A melhor forma de evitar essa situação é simplesmente dizer não! Será muito menos traumático para você e para o solicitante se você disser essa pequena palavra, do que os transtornos que poderão ocorrer caso a dívida não seja paga.

Você fará também com que a pessoa reflita e lute para ter o seu próprio nome limpo e com crédito suficiente para comprar os itens de seu desejo. Por isso, quero criar a campanha: Diga Não!

▷ Diga não para não cair nessa armadilha
▷ Diga não para ter o controle de sua vida
▷ Diga não para evitar dor de cabeça e insônia

5º GRANDE MOTIVO: DESPESAS EXTRAS

As despesas extras são gastos invisíveis que não aparecem em um planejamento financeiro, pois são como fantasmas que aterrorizam a vida das pessoas, paralisando-as e fazendo com que tenham que enfrentar o seu maior pesadelo: o nome sujo.

Para muitos, o seu maior bem é o nome limpo, portanto, manter as contas e os pagamentos em dia é a sua maior batalha e sua maior conquista. As despesas extras são muito comuns em nosso dia a dia, mesmo para quem utiliza um planejamento financeiro, pode ser surpreendido por tais despesas, portanto, se o seu controle de gastos não for efetuado de forma minuciosa, você sempre estará sujeito a cair na armadilha dos gastos invisíveis.

DESPESAS EXTRAS COM BENS OU SERVIÇOS

Utilizarei o exemplo do carro, que é paixão nacional e o desejo de consumo de muitas pessoas. Quando querem comprar um carro, os consumidores só pensam em ajustar a parcela do financiamento para que caiba em seu bolso. Porém, o carro é um dos maiores responsáveis pelas despesas extras de um orçamento. Se esses gastos não forem computados antes da aquisição, em vez de realizar um sonho, você adquirirá um grande pesadelo.

Veja algumas das prováveis despesas extras que o carro pode proporcionar:

- ▷ Desvalorização: logo que você sai da concessionária, seu automóvel vale menos do que você pagou. Não importa o pouco que você tenha rodado, seu carro tecnicamente já é considerado um usado.

- ▷ Taxas: você terá que pagar algumas taxas quando adquirir um carro, como IPVA, licenciamento e DPVAT, por exemplo. Além disso, você terá uma despesa extra se resolver transferir seu automóvel para outra pessoa, quando decidir vendê-lo.

- ▷ Seguro: o seguro não é uma despesa obrigatória. Contudo, se seu carro for roubado, você não receberá nenhum centavo do dinheiro que gastou.

- ▷ Manutenção: se comprou um carro novo, no começo, essas despesas são baixas, porém, com o passar do tempo, será preciso gastar dinheiro com pneus, revisão, troca de óleo, entre outros.

- ▷ Combustível: esse é um gasto obrigatório, pois sem ele seu carro não passará de um simples enfeite na sua garagem.

Praticamente toda semana, você abastecerá seu carro e isso demandará um grande valor de sua renda.

▷ Colisões e multas: por mais que você seja um motorista supercuidadoso, sempre estará sujeito a acidentes causados por você ou por terceiros. Caso seja o responsável pelo acidente, além de gastar com seu carro, você será responsável pelas despesas com o carro de terceiros.

▷ Estacionamentos: se quiser mais segurança para seu carro, o gasto com estacionamento será um item obrigatório. Se você deixar o carro na rua, corre o risco de encontrá-lo danificado gerando mais despesas extras do que se gastasse com o estacionamento.

DESPESAS EXTRAS COM EDUCAÇÃO

Se você tiver um filho com idade escolar, independentemente de ser em escola privada ou pública, diversas despesas extras aparecerão em seu orçamento como o aniversário dos amiguinhos de classe, excursões, cinema, teatro e tantos outros eventos que podem aparecer ao longo do ano e, por mais difícil que pareça ser, esses gastos devem ser planejados.

Você pode se informar na unidade escolar quantos passeios serão realizados durante o ano, para ter noção dos valores e se caberão em seu orçamento, assim com os valores em mãos, você efetuará uma reunião familiar e ensinará seu filho sobre os limites de seu orçamento, explicando que devido à falta de recurso, será necessário escolher entre fazer este ou aquele passeio.

Essa é a hora de explicar que devemos ter prioridades na vida e que não podemos ter tudo o que desejamos. A educação financeira é a melhor maneira de ensinar o seu filho a lidar de forma inteligente com o dinheiro e por mais que a dor no coração seja grande, os pais não devem ceder a todas as exigências das crianças, por isso, não se sinta culpado, porque você está preparando seu filho para lidar com as futuras frustrações na vida.

Outros tipos de despesas extras são os investimentos que você pode fazer para melhorar sua carreira. Curso de graduação, especialização, mestrados, doutorados, inglês. São diversos cursos que um dos cônjuges poderá fazer e se qualificar para um possível aumento de salário ou troca de emprego, logo, é importante refletir e separar um valor para essa finalidade e não se sujeitar aos empréstimos que possuem taxas de juros altíssimas.

DESPESAS EXTRAS COM SAÚDE

O acesso ao atendimento médico e a compra de medicamentos ao longo dos anos têm pesado cada vez mais no bolso das pessoas. Muitos dos medicamentos não são fornecidos pelo SUS, prejudicando ainda mais a vida do consumidor que possui o orçamento limitado. Um dos maiores gastos das famílias em relação a saúde são os serviços privados, o que inclui planos de saúde. O brasileiro aderiu ao plano de saúde para evitar as filas do SUS, mas com os constantes aumentos desses planos, migrou novamente para o atendimento da rede pública, e para complicar ainda mais a situação, o acesso ao plano de saúde está cada vez mais escasso, porque como o aumento do salário não tem acompanhado o aumento dos valores dos planos ao longo do tempo, isso faz com que mais pessoas tenham que recorrer ao SUS, aumentado a demanda de um serviço cada vez mais sofrido; sem contar os diversos medicamentos básicos que sempre estão em falta na rede pública e que leva o consumidor a deixar de pagar alguma conta para adquiri-lo.

▶ ▶ ▶ ▶ ▶ ▶

Assumir a responsabilidade pela sua vida é a melhor maneira de combater qualquer problema pessoal ou financeiro que venha a ocorrer ao longo do caminho, e culpar os outros só complicará a sua situação, porque você não tomará nenhuma conduta efetiva para lidar com o problema, porque estará apenas protelando, e quando for realmente tomar alguma atitude, será tarde demais para resolvê-lo de maneira rápida. O correto a fazer é manter o foco na solução e se preparar para colocar em prática o método que reequilibrará suas finanças.

> *"E todo aquele que luta, exerce domínio próprio em todas as coisas..."*
>
> *1 Coríntios 9:25*

Neste capítulo apresentei algumas soluções rápidas para resolver problemas pontuais. No próximo capítulo, darei início ao **método exclusivo** e definitivo para você se libertar das dívidas de uma vez por todas.

3
COMO SE LIVRAR
DAS DÍVIDAS
DE UMA VEZ POR TODAS

"Bom dia, Cleiton, vi sua dica hoje pela manhã e estou em desespero! Não sei mais o que fazer para sair de uma dívida de R$5 mil, ganhando R$1 mil. Sabe quando você não vê mais saída e, muitas vezes, pensa até em fazer uma besteira para fugir de certas coisas? Por favor, ajude-me, cara! Queria muito conversar com alguém que pudesse entender o que estou sentindo. Já que não posso falar da minha dívida com ninguém."

"Boa tarde, por favor, responda-me. Sei que disse que talvez não responda a todos, mas preciso da sua resposta. Sempre pensei como as pessoas cometem suicídio por causa das dívidas, pois hoje estou assim, tenho um hábito muito feio de querer comprar e comprar, mas sem dinheiro. Não aguento mais isso, porque tenho dívidas velhas com pessoas conhecidas e empurro com a barriga, porém, tenho muita vontade de pagar tudo o que devo e retomar uma vida normal, até mesmo porque já perdi amizades por causa disso. Ganho atualmente R$1 mil reais, tenho despesas com a mensalidade da escola de R$500 reais e devo pequenos valores a várias pessoas, que somando, torna-se um valor alto. O que faço se preciso comprar as coisas, abastecer o carro e pagar pequenas dívidas que são, mais ou menos, de R$3 mil reais juntando todos os valores que devo faz tempo?"

"Boa noite, Cleiton, o que mais tem me incomodado, 24h por dia, é a dificuldade em saldar minhas dívidas, empréstimos com

> *amigos e alguns crediários em lojas. Isso está me arruinando, pois me sinto impotente, cada vez que programo os pagamentos e não consigo cumprir, mas o pior é dever para dois colegas de trabalho. Tenho pânico de entrar no escritório e imaginar que me cobrem, sendo que um deles entende, porém, o outro já não entende e me ofende, inclusive se queixando com gestores e me atormentando diariamente. Estou finalizando os pagamentos com ele, mas se atraso um dia sequer começa a tormenta, não sei mais como me manter forte para superar essas dificuldades."*

Estes são trechos de mensagens que foram enviadas pelas leitoras Marlene, Patrícia e Silvana (nomes fictícios). Perceba como as dívidas podem afetar a vida pessoal e financeira, mas por pior que seja o problema, não procure escondê-lo de seus familiares, porque você poderá agravar ainda mais a sua situação. Não se sinta envergonhado(a) e encare o problema de frente.

Se você está no grupo dos endividados ou está prestes a perder o controle de seu orçamento e não consegue visualizar nenhuma perspectiva de solucionar esse problema em curto espaço de tempo, é muito importante que você não entre em pânico e tente se organizar do ponto de vista pessoal e financeiro.

O desalento nunca foi e não será um bom companheiro, porque agir assim só lhe fará tomar atitudes impróprias que poderão agravar a crise, sendo fundamental colocar a cabeça no lugar, expor a situação para a família, por pior que seja o problema, e seguir o passo a passo que vou demonstrar agora.

1º PASSO: LISTAR TODAS AS DÍVIDAS

O primeiro passo é relacionar todas as suas pendências financeiras. Você pode ficar impressionado com o tamanho de seu endividamento, porém, o mais importante é que você efetue esse primeiro passo para resolver a questão. A maioria das pessoas tem medo de conhecer sua real situação financeira, pois acredita não ser possível se livrar desse pesadelo. Porém, não tem como fugir desse problema, porque tenho certeza que você e até mesmo seus familiares (apesar de ser proibido) estão recebendo ligações dos credores para que você pague suas contas, portanto, é importante efetuar o levantamento das dívidas e realizar um planejamento financeiro para se livrar delas de uma vez por todas. Além disso, muitas pessoas passam as noites em claro, tentando encontrar uma solução para livrar-se do endividamento e o excesso de preocupação, como já vimos, pode ocasionar problemas de saúde, baixa produtividade no trabalho e conflitos com os familiares.

Portanto, é muito importante efetuar o levantamento das dívidas e realizar um planejamento financeiro para se livrar delas de uma vez por todas. Além disso, muitas pessoas passam as noites em claro, tentando encontrar uma solução para livrar-se do endividamento e o excesso de preocupação, como já vimos, pode ocasionar problemas de saúde, baixa produtividade no trabalho e conflitos com os familiares.

Então, vamos efetuar o primeiro passo para livrar-se das dívidas.

- No exemplo a seguir, utilizo a Planilha EAD (eliminar as dívidas). Esta planilha está disponibilizada através do link ead.li/planilha-dividas.

Dívidas	Planilha EAD (Eliminar as Dívidas)						Acumulado
	Total Parcelas	Parcelas Pag.	Parcelas Rest.	Valor Parcela	Juros a.m.	Juros a.a.	Saldo Final
Cartão de Crédito 2	12	2	10	R$ 600,00	9,79%	219%	R$ 6.000,00
Cartão de Crédito 1	12	4	8	R$ 1.321,55	9,68%	203%	R$ 10.572,40
Cheque Especial	1	0	1	R$ 800,00	7,00%	125%	R$ 800,00
Loja 2	6	1	5	R$ 600,00	4,00%	80%	R$ 3.000,00
Loja 1	12	3	9	R$ 720,00	5,00%	60%	R$ 6.480,00
Tratamento dentário	6	1	5	R$ 250,00	2,50%	34,5%	R$ 1.250,00
Financiamento veículo	36	5	31	R$ 645,00	1,50%	19,5%	R$ 19.995,00
Financiamento Imóvel	120	40	80	R$ 755,00	0,68%	8,5%	R$ 60.400,00
Educação	36	12	24	R$ 345,00	0,55%	6,8%	R$ 8.280,00
Total Geral							R$ 116.777,40

Na imagem podemos verificar uma planilha listando débitos em dois cartões de crédito, cheque especial, financiamento do imóvel e veículo, crédito educacional, compra em lojas e tratamento dentário parcelados em algumas vezes com juros variados.

2º PASSO: CLASSIFICAÇÃO E ORDEM DE PAGAMENTO DAS DÍVIDAS

Geralmente, os devedores têm despesas em diversas instituições diferentes, seja em bancos, lojas ou outros departamentos, mas são tantas pendências que às vezes é difícil saber por onde começar. Independentemente de a conta ser no cartão de crédito, cheque especial, financiamento imobiliário, financiamento do carro ou cheques sem fundo, é primordial que todas sejam quitadas, porém, é necessário classificá-las conforme suas prioridades e aprender a diferenciar umas das outras ajudará você a criar um plano de ação para sua eliminação.

CLASSIFICAÇÃO DAS DÍVIDAS

Para saber quais dívidas você deve pagar primeiro, é necessário avaliar tranquilamente quais as condições previstas nos financiamentos que você efetuou, para só então executar a decisão sobre o que priorizar, sendo necessário saber o saldo devedor em cada caso e quais as suas respectivas taxas de juros, para entender as consequências em caso de atraso ou não pagamento das principais modalidades de crédito existentes.

ORDEM DE PAGAMENTO DAS DÍVIDAS

1. Gastos essenciais

O que é essencial e mais importante em sua vida? Primeiramente, devemos nos perguntar a real necessidade dos nossos gastos. Qual o gasto mais importante para você: a conta de água e luz ou do celular? Os gastos com o mercado ou um tênis de marca? Não serei eu quem definirá o que é mais importante para você. Será a sua reflexão por meio de perguntas que definirá o que é prioridade em sua vida. Você perceberá que não adianta comprar um par de sapatos, um celular ou qualquer aparelho eletrônico de última geração, se você está com as contas de água, luz ou condomínio atrasadas.

2. Bens como garantia

As contas que têm bens como garantia devem ser a segunda em prioridade de seu orçamento. Apesar de terem as menores taxas de juros em relação a outras modalidades, o atraso da prestação da casa ou do automóvel pode gerar a retomada do bem e, geralmente, com o atraso das parcelas, o bem pode ser retomado em, no máximo, três meses. Além de perder o bem, você continuará com a dívida em relação a compra do carro, pois o bem sofre depreciação (o valor atual é bem inferior ao valor da compra). Com a retomada do bem, o banco efetua um leilão e utiliza o dinheiro da venda para concluir o pagamento de todos os gastos realizados, e caso o valor da venda não cubra esses gastos, a conta cairá no colo do consumidor.

3. Dívidas com juros altos

Seguindo a sequência de contas a pagar, chegou a hora de avaliar quais as pendências financeiras que têm as maiores taxas de juros. Normalmente, o cheque especial e o cartão de crédito são os responsáveis pelas contas de maiores juros e devem ser quitados o mais rápido possível, porque a dívida pode dobrar de valor rapidamente.

Dívidas	Planilha EAD (Eliminar as Dívidas)						Acumulado
	Total Parcelas	Parcelas Pag.	Parcelas Rest.	Valor Parcela	Juros a.m.	Juros a.a.	Saldo Final
Cartão de Crédito 2	12	2	10	R$ 600,00	9,79%	219%	R$ 6.000,00
Cartão de Crédito 1	12	4	8	R$ 1.321,55	9,68%	203%	R$ 10.572,40
Cheque Especial	1	0	1	R$ 800,00	7,00%	125%	R$ 800,00
Loja 2	6	1	5	R$ 600,00	4,00%	80%	R$ 3.000,00
Loja 1	12	3	9	R$ 720,00	5,00%	60%	R$ 6.480,00
Tratamento dentário	6	1	5	R$ 250,00	2,50%	34,5%	R$ 1.250,00
Financiamento veículo	36	5	31	R$ 645,00	1,50%	19,5%	R$ 19.995,00
Financiamento Imóvel	120	40	80	R$ 755,00	0,68%	8,5%	R$ 60.400,00
Educação	36	12	24	R$ 345,00	0,55%	6,8%	R$ 8.280,00
Total Geral							R$ 116.777,40

O dinheiro gasto com o pagamento de juros dessas duas modalidades poderia ser utilizado para realizar os seus maiores sonhos, por isso, evite pagar o mínimo da fatura do cartão de crédito e recorrer frequentemente ao cheque especial, porque a economia que você fará ao evitar essas duas modalidades de crédito será enorme. Por último, você deve pagar as contas que têm as menores taxas de juros.

> ▶ Efetuando esse procedimento, você reduzirá o tempo de incidência de taxas, que representam, na maioria das vezes, grande perda de dinheiro. Se você tiver foco, quitará suas dívidas uma a uma, de acordo com a sua classificação.

3º PASSO: CRIAR UM CRONOGRAMA DE PAGAMENTO

Após a identificação e a classificação dos débitos, deve-se criar um cronograma de pagamento. O pagamento das dívidas deve ser prioridade e toda entrada de dinheiro extra no orçamento deve ser direcionada para quitá-las.

A venda de algum bem, o recebimento de férias ou a restituição do imposto de renda, tudo deve ser direcionado para colocar as contas em ordem.

> ▶ Não adianta pensar em investimentos agora, pois os juros cobrados nas dívidas são sempre maiores do que os juros recebidos em uma aplicação financeira.

> ▶ Verifique e estipule os valores que poderão ser direcionados para quitar os débitos.

> ▶ Procure somente os credores quando souber exatamente quais valores poderão ser utilizados em cada prestação.

	Cronograma Pagamento de Dívidas				
	Janeiro	Fevereiro	Março	Abril	Maio
Cheque Especial	8				
Cartão de Crédito	15	15	15	15	15
IPVA	22				
Loja 2	20	20			

Neste período, evite novas dívidas enquanto não quitar as anteriores. É muito importante cumprir o acordo estabelecido com os credores, porque você corre um risco muito grande se não pagar suas contas em dia.

4º PASSO: LISTAR TODOS OS BENS

Efetuar uma lista de bens pessoais pode ser uma tarefa árdua e lenta, porém, o esforço trará diversos benefícios. Essa lista será valiosa tanto para o presente momento, quanto para o seu futuro e o ajudará muito em relação à sua aposentadoria. Ela também proporcionará muita tranquilidade em relação a um dos momentos mais difíceis para os familiares: a morte repentina.

A sua lista pode ser dividida em bens financeiros e físicos:

- ▷ Em bens físicos podem estar inclusos os imóveis, carros, computadores etc.
- ▷ Em bens financeiros estão inclusos suas aplicações financeiras, seguro de vida, pensão etc.

Veja, a seguir, um exemplo de planilha que você pode utilizar para criar sua lista e preencher com os bens que possui. Baixe a planilha no link: ead.li/planilha-bens.

Planilha de Bens		Planilha de Bens	
Bens Financeiros	Valores	Bens Físicos	Valores
Fundos de Investimentos	R$ 0,00	Carro	R$ 18.000,00
Ações	R$ 0,00	Imóvel	R$ 80.000,00
Poupança	R$ 1.800,00	TV LED	R$ 1.600,00
Seguro de Vida	R$ 0,00	Computador	R$ 1.200,00
CDB	R$ 600,00	Smartphone	R$ 1.000,00
Títulos Públicos	R$ 1.000,00	Tablet	R$ 850,00
Total	R$ 3.400,00	Total	R$ 102.650,00
Total Geral			R$ 106.050,00

Esta lista será fundamental para ajudá-lo(a) a se livrar do endividamento. Você listará, primeiramente, todos os bens financeiros que possui. Aqueles que não têm recursos investidos podem optar por vender bens que poderão ser recomprados mais tarde, portanto, você pode vender aquela TV de LED, o *home theater* ou algum outro item que possa ajudá-lo a sair dessa situação o mais rápido possível.

> Para muitas pessoas, ter que vender um bem para quitar uma dívida pode ser algo humilhante e doloroso. No entanto, devido às adversidades do momento, deixar de vendê-lo e postergar o pagamento da dívida pode ser uma atitude fatal.

O carro, assim como o imóvel, tem diversas despesas que podem aumentar o tamanho de seu endividamento. Se você tem um desses bens, poderá vendê-lo, como a venda de um carro, por exemplo, que além da economia com seguro e taxas como IPVA, você poderá abater uma parte de seus débitos. Em ambos os casos, devido às diversas despesas que esses bens têm, é melhor vendê-los para que, além de abater suas dívidas, pare de jorrar dinheiro de seu bolso.

Caso seja imprescindível a utilização do carro, você poderá vender o atual e adquirir outro de menor valor, utilizando a diferença de valores para quitar suas pendências financeiras. A pessoa que está endividada e possui um financiamento de veículo, mas percebe que não tem mais condições de pagá-lo, também pode optar por estas duas saídas para evitar que a dívida vire uma bola de neve:

1. Devolver o veículo para a financeira e negociar o reembolso de uma fração do valor pago
2. Transferir a dívida para outro consumidor

A primeira opção é chamada de devolução amigável, o veículo vai a leilão e o valor recebido na venda é utilizado pela instituição financeira para quitar as parcelas restantes e a sobra será devolvida para o consumidor.

Na segunda opção, o consumidor vende o veículo e faz uma negociação com a parte que está disposta a arcar com o restante das parcelas.

5º PASSO: CRIAR UM ORÇAMENTO MENSAL

Muitas pessoas acreditam que utilizar uma planilha financeira é somente para privar o consumo.

- Certa vez, perguntei para um amigo se ele utilizava algum controle financeiro e ele respondeu que tinha medo de saber o quanto gastava e ter que cortar despesas por conta disso.

A ideia de registrar todos os gastos é algo que a maioria das pessoas acredita que somente os denominados: sovina, mão-de-vaca, muquirana, entre outros, é que praticam e limitam os seus gastos no dia a dia.

Se você deseja sair do sufoco financeiro, é fundamental anotar todas as despesas e receitas. Por meio desse monitoramento, você saberá exatamente onde está gastando seu dinheiro e perderá aquela sensação de que seu dinheiro está descendo pelo ralo.

- Quantas vezes você sai com algum dinheiro no bolso e no final do dia percebe que chegou em casa sem um tostão, ou pior, não tem a menor ideia de onde foi gasto tal valor? Isso soa familiar?

Se esse comportamento vem acontecendo constantemente, já passou da hora de dar um basta nisso e adotar um controle de gastos para saber onde está desperdiçando o seu dinheiro. Não vou dizer que será prazeroso, fácil e imediato. Mas estou dizendo que é necessário.

Por, pelo menos, três meses, registre absolutamente tudo que você gastar, como, por exemplo: um cafezinho, uma gorjeta, uma bala, juros cobrados do cheque especial e cartão de crédito, anotando desde os grandes até os pequenos gastos.

Você se surpreenderá com o tamanho do rombo em seu orçamento, porém, terá consciência sobre o que precisa fazer para gastar menos do que ganha. Esse monitoramento pode ser utilizado mesmo após a eliminação das dívidas, pois as pessoas que são financeiramente independentes têm tal hábito e devemos ter como exemplo o planejamento de pessoas bem-sucedidas.

- Suas pendências financeiras podem ter sido criadas por pequenos gastos realizados ao longo do tempo e sem um registro, você nunca saberá se chegou ao limite, podendo ocasionar o término do dinheiro antes do final do mês, por isso é fundamental mapear e analisar minuciosamente suas despesas para saber quais gastos cortar sem prejudicar sua qualidade de vida.

É muito melhor e menos traumático efetuar esse processo de forma consciente do que chegar lá na frente e ter um corte brusco. Procure reservar cerca de 70% de sua renda para os gastos do dia a dia e os outros 30% devem ser utilizados para o pagamento das dívidas.

Plano (EAD) Eliminar as Dívidas	
1º Passo	
Viver	Pagar as Dívidas
70%	30%

Revelarei agora o primeiro passo do **Método Mobile** para que você tenha conhecimento detalhado de seu orçamento.

MONITORAR O ORÇAMENTO

Você percebeu que ficar endividado é muito fácil, principalmente por conta das diversas ofertas, de produtos e serviços, que nos são empurradas diariamente. O difícil é conseguir pagar todas essas contas.

▶ Inicialmente, você terá que selecionar quais dívidas pagar primeiro, de acordo com a prioridade mencionada anteriormente, mas não quer dizer que as outras contas não devam ser pagas. Primeiro, você pagará as despesas essenciais, organizará o seu orçamento cortando todos os desperdícios para quitar as pendências financeiras com seus credores e voltando a ter noites tranquilas de sono. É fundamental que você se eduque financeiramente para utilizar o dinheiro de forma consciente e inteligente, sempre em busca de seus sonhos. Após listar quais contas pagar primeiro, para se livrar das dívidas definitivamente, será necessário utilizar a planilha financeira.

PLANILHA DE ORÇAMENTO MENSAL

Renda Familiar			Investimentos		
O QUE	QUANDO	QUANTO (R$)	O QUE	QUANDO	QUANTO (R$)
Salário I	Último dia/mês	R$ 0.00	Reserva		R$ 0.00
Salário II		R$ 0.00	Previdência		R$ 0.00
Férias		R$ 0.00	CDB		R$ 0.00
VR	1º dia útil	R$ 0.00			
13º Salário		R$ 0.00			
Total		R$ 0.00	Total		R$ 0.00

Despesas			Saldo = Receita - Despesas	
O QUE		QUANTO (R$)	O QUE	QUANTO (R$)
Total fixo		R$ 0.00	Total receitas	R$ 0.00
Total variável		R$ 0.00	Total despesas	R$ 0.00
			Investimentos	
Total		R$ 0.00	Total	R$ 0.00

Consolidado Mensal		
Caixa	R$ 0.00	0%
Gastos Fixos	R$ 0.00	0%
Alimentação	R$ 0.00	0%
Diversos	R$ 0.00	0%
Lazer	R$ 0.00	0%
Saúde	R$ 0.00	0%
Sr. Alves	R$ 0.00	0%
Sra. Alves	R$ 0.00	0%
	R$ 0.00	0%
Total	R$ 0.00	0%

O planejamento financeiro é um plano personalizado para alcançar seus objetivos ou resolver problemas financeiros individuais ou familiares, buscando definir o melhor modo para se atingir as metas estabelecidas.

A Planilha de Orçamento Mensal tem a finalidade de balancear suas receitas e despesas. Faça o download da planilha de orçamento familiar no site ead.li/ferramentas.

> ▶ A planilha financeira é uma ferramenta a ser utilizada para averiguar sua real situação financeira. Você anotará os recebimentos e todos os gastos efetuados dentro de um

mês: anote todas as fontes de renda como salários, pensões, aposentadorias, aluguéis etc. E todos os seus gastos, não se esquecendo dos gastos menores como gorjetas, taxas de banco e cafezinhos, por exemplo.

Não é necessário nenhum conhecimento avançado para utilizar a planilha financeira, basta somente alimentá-la com os gastos do dia a dia. Nem mesmo sua utilização é obrigatória, você pode anotar seus gastos onde for mais confortável para você.

> ▶ Não deixe que a ferramenta seja um empecilho para alcançar a prosperidade financeira.

Logo, o primeiro passo do Método Mobile é efetuar o mapeamento de seus débitos e monitorar todas as entradas e saídas de seu orçamento. Por meio desse primeiro passo, você saberá tudo o que tem que pagar e onde está gastando o seu dinheiro, assim será possível ter uma noção de quanto dinheiro sobrará para ser direcionado na eliminação das dívidas. Esse procedimento será primordial nesse momento, porém, não será necessário usá-lo para sempre, você terá a opção de eternizá-lo ou não.

CLASSIFIQUE SEU ORÇAMENTO EM CATEGORIAS

É importante *classificar em categorias as suas despesas,* não esquecendo de definir suas prioridades, porque assim você perceberá e identificará o que é essencial e o que é supérfluo. Desta maneira, será mais fácil quando precisar cortar algum gasto.

> ▶ Em nossa planilha, temos as categorias: fixo, alimentação, diversos, lazer, saúde e uma específica para cada integrante da família. Você poderá classificá-las como achar melhor e de acordo com seus objetivos. Também é muito importante definir limites de gastos para cada categoria, e o ideal é que a planilha seja preenchida conforme os gastos forem ocorrendo.

COMO SE LIVRAR DAS DÍVIDAS DE UMA VEZ POR TODAS

Renda Familiar		
O QUE	QUANDO	QUANTO (R$)
Salário I	Último dia/mês	R$ 0,00
Salário II		R$ 0,00
Férias		R$ 0,00
VR	1º dia útil	R$ 0,00
13º Salário		R$ 0,00
Total		R$ 0,00

Investimentos		
O QUE	QUANDO	QUANTO (R$)
Reserva		R$ 0,00
Previdência		R$ 0,00
CDB		R$ 0,00
Total		R$ 0,00

Despesas	
O QUE	QUANTO (R$)
Total fixo	R$ 0,00
Total variável	R$ 0,00
Total	R$ 0,00

Saldo = Receita - Despesas	
O QUE	QUANTO (R$)
Total receitas	R$ 0,00
Total despesas	R$ 0,00
Investimentos	
Total	R$ 0,00

Consolidado Mensal		
Caixa	R$ 0,00	0%
Gastos Fixos	R$ 0,00	0%
Alimentação	R$ 0,00	0%
Diversos	R$ 0,00	0%
Lazer	R$ 0,00	0%
Saúde	R$ 0,00	0%
Sr. Alves	R$ 0,00	0%
Sra. Alves	R$ 0,00	0%
	R$ 0,00	0%
Total	R$ 0,00	0%

Você pode se basear no seguinte exemplo:

Renda = R$ 2400,00		
Orçamento Mensal	Valores	Porcentagem
Gastos Fixos	R$ 1.200,00	50%
Reserva de Emergência	R$ 240,00	10%
Alimentação	R$ 300,00	13%
Diversos	R$ 100,00	4%
Lazer	R$ 200,00	8%
Saúde	R$ 120,00	5%
Sr. Alves	R$ 120,00	5%
Sra. Alves	R$ 120,00	5%
Total	R$ 2.400,00	100%

Você deve checá-la semanalmente para verificar se os gastos estão ocorrendo dentro do limite estabelecido. Em um dos tópicos anteriores, apresentei a seguinte argumentação: procure reservar cerca de 70% de sua renda para os gastos do dia a dia e os outros 30% devem ser utilizados para o pagamento das pendências financeiras.

Plano (EAD) Eliminar as Dívidas	
1º Passo	
Viver	Pagar as Dívidas
70%	30%

No início do processo para eliminar as dívidas, você deverá fazer o máximo de sacrifício para sair do endividamento o mais rápido possível, portanto, seu orçamento deve ser dividido em 70% para a manutenção familiar e 30% para o pagamento das dívidas.

Após esse período, você pode utilizar a seguinte configuração.

MOMENTO 1		MOMENTO 2	
Plano para Viver Bem		Plano para Viver Bem	
1º Passo		1º Passo	
Viver	Reserva Financeira	Viver	Investir para Aposentadoria
60%	10%	60%	10%
Objetivos		Objetivos	
2º Passo		2º Passo	
Economizar		Economizar	
10%		10%	
Gastar Livremente		Gastar Livremente	
3º Passo		3º Passo	
Lazer, Doação, Investir, Sonhos...		Lazer, Doação, Investir, Sonhos...	
20%		20%	

A REGRA DOS 70-10-20

A regra dos 70-10-20 é muito simples de ser colocada em prática. Você terá que dividir suas despesas em três categorias e separar um valor de sua renda para cada uma delas:

- ▷ 60% para os gastos essenciais + 10% para a reserva financeira;
- ▷ 10% para realizar os objetivos;
- ▷ 20% para ser gasto livremente.

Essa divisão ajudará a controlar os gastos, identificar quais são os maiores vilões de seu orçamento e colocar um fim na falta de dinheiro que insiste em acabar antes do final do mês.

70% para viver bem

De acordo com a regra dos 70-10-20, 60% da sua renda líquida deve ser reservada para os gastos essenciais e os outros 10% devem ser utilizados inicialmente para constituir uma reserva financeira e, após a sua finalização, este valor deve ser utilizado para investir em sua aposentadoria.

As despesas essenciais abrangem gastos com alimentação, moradia, transporte, saúde, educação, ou seja, tudo aquilo que você precisa para se manter no dia a dia.

10% irão para a realização de seus sonhos

Após separar 70% para os gastos essenciais, é preciso reservar 10% da renda líquida para a realização de seus maiores sonhos. Como mencionado no tópico anterior, é muito importante eliminar as dívidas antes de tentar realizar seus sonhos, porque você pode cair na armadilha dos três maiores problemas causados pelo endividamento e não é nada fácil se livrar deles, então, caso tenha dívidas, utilize essa quantia para quitá-las. Quem está com o orçamento em ordem, deve utilizar esta verba para realizar os sonhos de curto, médio e longo prazo.

> ▶ Para que este planejamento funcione, é fundamental priorizar seus objetivos financeiros e é muito importante manter o padrão de vida adequado a sua renda, por isso, reflita sobre o que é essencial para você e elimine todos os desperdícios para que seja possível manter o orçamento nos trilhos.

20% podem ser gastos livremente

Gastar livremente é o que faz o seu estilo de vida e são aqueles gastos efetuados com o lazer, hobbies, doação e outros. A vida não é só ganhar dinheiro, pagar as contas e ficar sem dinheiro e utilizando a regra dos 70-10-20, você terá um valor para gastar livremente sem aquele peso e arrependimento na consciência.

Para que a regra funcione perfeitamente, estes gastos devem vir somente após a separação do valor para as despesas essenciais e o valor para a realização de seus sonhos, inclusive na utilização de uma parte do valor para acelerar a realização de algum objetivo.

> ▶ **Por exemplo:** Você programa uma viagem para o ano seguinte e pode utilizar 10% desta verba para juntar aos outros 10% destinados a realização de seus sonhos.

Logo, você terá 20% de sua renda voltada para a realização de seus objetivos, acelerando a realização de algum sonho.

Você pode utilizar esse valor como desejar, sem preocupação de cair na armadilha do cheque especial ou entrar no rotativo do cartão de crédito, sendo esses os maiores benefícios do uso planejado e consciente do dinheiro.

Entenda por que a Regra 70-10-20 Transformará sua Vida Pessoal e Financeira

A regra dos 70-10-20 ajudará a definir metas de gastos. Esta regra é primordial para quem deseja organizar e obter o equilíbrio financeiro, e ao utilizá-la em seu orçamento pessoal, você dividirá seu orçamento em categorias e definirá quais são as despesas essenciais e os gastos que agregam valor à sua vida. Além disso, com a utilização da regra, será muito mais simples eliminar os desperdícios de seu orçamento.

O controle de despesas ficará muito mais fácil, fazendo com que respeite os limites de gastos. Esta regra também será responsável pela eliminação dos gastos efetuados por impulso e que sempre atrapalham sua prosperidade financeira.

> Estabelecer um limite de gastos é essencial para alcançar o equilíbrio financeiro e jamais será necessário privar o consumo.

Esta regra também será uma garantia para que você viva livre do endividamento. Começar e terminar o ano no azul será uma consequência e deixará de ser uma obra do acaso, pois a transição será gradual e permitirá que você alcance o equilíbrio financeiro. Este orçamento contemplará o presente momento, pois você terá 20% para gastar livremente (recado aos reticentes) e outros 10% para realizar os seus sonhos de curto, médio e longo prazo, além de reservar 10% para constituir um "colchão financeiro", garantindo tranquilidade em caso de alguma adversidade e variando conforme seu momento de vida ou de acordo com seus objetivos. Como mencionado anteriormente, você poderá utilizar 20% para acelerar a realização de algum sonho e ainda restará 10% para gastar livremente, sem preocupação ou peso na consciência.

> Este processo fará com que você utilize o dinheiro de forma consciente e inteligente, sempre em busca de seus objetivos. Aquela falta de dinheiro para viver de forma segura e confortável também acabará, porque seus gastos sempre respeitarão o limite de sua renda.

Reclamações sobre não ter um salário digno ficarão no passado, assim como a falta de compromisso e disciplina, porque este método se tornará um hábito e um processo automático para você, não sendo necessário gastar muito tempo. Uma hora por semana é o suficiente para preencher a planilha.

> O ideal é que este processo seja definido e realizado por todos os integrantes da família, porém, você pode dizer: meu cônjuge não me ajuda e não tem muito interesse em relação às finanças e isso acaba prejudicando o nosso orçamento, pois poderíamos conquistar uma qualidade de vida melhor e não passar tanto sufoco financeiro.

Nesse caso, você deve explicar para seu cônjuge sobre os benefícios de um planejamento financeiro, mostrando que vocês terão um valor para gastar livremente e outro para realizar aquela viagem tão desejada ou algum outro sonho. Se mesmo assim não obtiver sucesso em sua argumentação, inicie o processo. Tenho certeza de que, com o tempo, seu cônjuge perceberá seu progresso e perguntará qual o milagre para seu sucesso financeiro. Você poderá responder de forma simples:

▶ NÃO EXISTE MILAGRE. EXISTE UM MÉTODO.

FOQUE EM SEUS OBJETIVOS

Em meio às dívidas, é comum perdermos o foco. Parece que nada dá certo, sendo importante manter os "pés no chão" e focar em seus objetivos. Se você está empenhado em se livrar das pendências financeiras que estão fora de controle, não faz muito sentido continuar fazendo mais dívidas, então, coloque primeiro as contas em ordem para depois gastar de forma planejada.

> Com objetivos definidos, suas ações durante a fase de eliminar as dívidas terão caráter temporário e serão pautadas pelo que você quer e precisa fazer, portanto, tenha tranquilidade para não se deixar levar pelo consumo excessivo e pelas ofertas e pressão dos outros (a expectativa alheia pode ser fatal nessas horas). Esqueça os outros, afinal quem paga suas contas é você!

Muito importante: é primordial a participação de todos os integrantes da família nos problemas e nas soluções necessárias para alcançar os objetivos, pois os momentos de dificuldades são mais facilmente superados com a colaboração de todos.

6º PASSO: CHEGOU A HORA DE FALAR COM OS CREDORES

Após efetuar o mapeamento dos débitos, relacionar quais dívidas pagar primeiro, monitorar o orçamento e analisá-lo para eliminar os desperdícios, o passo seguinte é procurar os credores para negociar, sejam eles bancos, outras instituições financeiras ou lojas. Esse será um momento desafiador e exigirá que você saia da zona de conforto

> QUANDO SURGE UM MOMENTO DESAFIADOR É NECESSÁRIO SAIR DA INÉRCIA, DA ZONA DE CONFORTO E ENFRENTAR OS DESAFIOS.

Para efetuar um acordo com o credor, é necessário pensar em uma proposta realista de como pagar a dívida e você corre um grande risco, se estiver despreparado(a), de aceitar uma oferta efetuada pela empresa que não seja compatível com seu bolso, então, analise as suas condições financeiras e não tenha medo ou vergonha de expô-la ao credor, pois o máximo que pode acontecer é o credor recusar a sua proposta e oferecer uma contraproposta.

Também não se deve dar por vencida ou terminada uma negociação sem antes ter nas mãos diversas ofertas, porque os primeiros acordos oferecidos podem não ser interessantes e compatíveis com o seu bolso, mas, em muitos casos, pode aparecer uma segunda ou terceira proposta cujo pagamento seja vantajoso e viável, deixando bem claro para a instituição sobre quais são as suas reais condições de pagamento. Não caia na conversa sobre condicionamentos de produtos ou serviços quando fechar o acordo, pois isso é venda casada e a sua comercialização é proibida.

RENEGOCIAÇÃO

Na negociação das dívidas, você pode buscar alternativas em diferentes instituições financeiras que lhe propiciem o pagamento através de taxas de juros menores e prazos maiores que caibam em seu orçamento.

O empréstimo pessoal ou consignado oferece as menores taxas de juros, porém, somente utilize esse tipo de empréstimo de forma organizada e planejada, evitando utilizá-lo para aumentar o consumo ou como complemento de renda.

No próximo capítulo, vou apresentar mais detalhes sobre a renegociação de dívidas.

7º PASSO: CRIAR UMA RESERVA FINANCEIRA

Após organizar as suas contas e quitar seus débitos, separe uma pequena parte de sua renda para a criação de um fundo financeiro. Esta reserva, inicialmente, pode ser constituída com, pelo menos, 10% da renda para cobrir possíveis imprevistos futuros ou utilizá-la para alguma oportunidade e assim, você terá um fundo de segurança para qualquer situação não planejada que possa surgir, sem ficar refém dos acontecimentos ao seu redor.

> ▶ Com essa reserva financeira, você estará livre dos empréstimos e das altas taxas de juros cobradas pelas instituições financeiras. Contudo, o acesso a esse dinheiro deve ser único e exclusivamente para situações que fogem ao controle ou para aproveitar alguma oportunidade, e deve ser reposto tão logo sua situação tenha sido normalizada.

A constituição da reserva financeira também proporcionará maior tranquilidade em caso da perda de emprego. Você terá mais tempo para analisar uma nova oferta ou mesmo se dedicar àquela meta de empreendedorismo que sempre sonhou. Outra possível utilização da reserva é para aquela desejada troca de emprego.

- Conheço muitas pessoas que estão insatisfeitas em seu trabalho, mas não podem deixá-lo devido à necessidade da renda para o pagamento das contas. Caso tivessem um "colchão financeiro" de seis a doze meses de seus gastos mensais, poderiam efetuar a troca de emprego sem traumas e que tanto prejudica sua saúde e qualidade vida.

Por ser um tema muito importante, em um capítulo posterior vou explicar como você pode constituir a sua reserva financeira.

CUIDE MELHOR DO SEU DINHEIRO

Ao admitir e assumir o problema financeiro, é possível que você procure, seja em livros ou na internet, dicas e sugestões para lidar melhor com seu dinheiro. Creio que foi por isso que você resolveu adquirir este livro e seguir o método proposto para solucionar o seu problema.

- Por que não ter essa atitude mesmo quando não existirem dívidas?
- Por que não criar o hábito de ler diariamente sobre o tema para entender mais sobre nossa economia e como aproveitar para investir melhor?

Atualmente, no Brasil, temos ótimos autores que efetuam um excelente trabalho com relação à educação financeira, investimentos e economia, inclusive na internet, você encontrará muito conteúdo gratuito de qualidade.

Valorize, também, os livros, que são resultados de um trabalho de pesquisa e edição, por isso não encare a compra dos livros como um gasto, mas como um investimento para sua saúde financeira e conheça também meu outro trabalho, o livro *Economizar sem Perder o Prazer de Viver* — www.economizareviver.com, que foi escrito depois de muita pesquisa e dedicação. Tenho certeza que após efetuar a leitura, você se surpreenderá com o resultado que alcançará depois de aplicar o conceito contido no livro.

VAMOS RECORDAR QUAIS OS PASSOS NECESSÁRIOS PARA ELIMINAR AS DÍVIDAS

1. Listar todas as dívidas;
2. Classificar suas dívidas e criar uma ordem de pagamento;
3. Criar um cronograma de pagamento;
4. Listar todos os bens;
5. Criar um orçamento mensal;
6. Negociar com os credores;
7. Criar uma reserva financeira.

Resumindo o que aprendemos até agora sobre como se livrar das dívidas:

1. O primeiro passo é admitir que as dívidas são resultados de suas escolhas e mapeá-las, fazendo um levantamento de cada uma;
2. Monitore e anote todas as suas fontes de renda e todos os seus gastos. É muito importante anotar desde os grandes até os pequenos gastos, pois são estes últimos que não percebemos e que fazem uma diferença enorme em nosso orçamento;
3. Classifique seu orçamento em categorias para identificar o que é supérfluo e essencial, assim será mais fácil visualizar o que pode ser eliminado;
4. Foque na realização de seus objetivos. Neste primeiro momento, é importante se livrar das dívidas definitivamente e, após esse período, seu foco deve ser na realização de seus sonhos;
5. Elimine o máximo possível as despesas para se livrar das dívidas, foque no corte de desperdícios. Esses gastos são aqueles que não agregam valor à sua vida;
6. Não aceite a primeira oferta para regularizar suas pendências financeiras. Com o corte em seu orçamento, verifique

o quanto é possível usar para se livrar das dívidas e negocie com o credor;

7. Crie uma reserva financeira para os momentos difíceis ou para as oportunidades que podem aparecer ao longo do caminho, assim, não será preciso solicitar empréstimo e arcar com os altos juros;

8. Por fim, procure formas de aprender sobre economizar e cuidar melhor de seu dinheiro.

▶ ▶ ▶ ▶ ▶ ▶

Agora tenho uma questão para você...

O que você pode fazer hoje que o deixará mais próximo de eliminar as dívidas? Não deixe para tomar uma atitude amanhã, realize algo hoje! Mesmo que seja uma pequena e simples atitude. É importante começar a agir agora. Imagine que estamos no dia seguinte, então, reflita sobre o quão satisfeito você estaria se soubesse que sua vida mudou e está mais leve com uma pequena atitude realizada no dia anterior. O melhor de tudo é que ainda é hoje, então, faça algo para que seu amanhã seja diferente!

No Capítulo 6, vou revelar *o método mais efetivo e poderoso para não cair na armadilha do endividamento*, mas, antes disso, não perca o próximo capítulo, porque vou apresentar técnicas e dicas matadoras para renegociar as dívidas.

4
COMO RENEGOCIAR SUAS DÍVIDAS

R enegociar as dívidas é um assunto muito procurado pelas pessoas que têm alguma pendência financeira e, para não ficar com restrição de crédito na praça, precisam passar pelo processo de renegociação.

> LIVRAR-SE DAS DÍVIDAS E EQUILIBRAR AS FINANÇAS PESSOAIS É POSSÍVEL, PORÉM, É NECESSÁRIO DEDICAÇÃO E DISCIPLINA.

Muitas pessoas percebem que estão com o nome sujo quando precisam de algum crédito. Algum carnê não pago, um cheque sem fundo, cartão de crédito ou algum empréstimo de financeira são fatores que poderão levá-lo a entrar para o mundo dos inadimplentes e consequentemente ficar com o nome sujo.

No capítulo anterior, vimos a importância de monitorar o orçamento para acompanhar todas as entradas e saídas. Através desta atitude, podemos saber para onde nosso dinheiro está sendo direcionado e com a organização do orçamento, também podemos saber quais são as nossas pendências financeiras e assim, criar ações para se livrar delas de uma vez por todas.

Uma das situações mais importantes para sair do endividamento é saber renegociar as dívidas com os credores, mas não basta saber que está devendo e ter a vontade de pagar, é preciso saber quais são os melhores meios de renegociação, como verificar se o seu nome consta em algum cadastro negativo e o que fazer para tirar seu nome dos registros.

COMO SABER SE O NOME ESTÁ SUJO

Primeiramente, saiba que o Código de Defesa do Consumidor (CDC) exige que o consumidor não seja inscrito em um cadastro de devedores antes de ser previamente comunicado pelo credor, com o prazo estipulado para solucionar suas pendências. Caso não renegocie e nem quite os atrasados, é muito provável que seu nome seja incluído em um banco de dados, mantido por empresas de análise e concessão de crédito. Esta negativação cessará em duas situações: se as contas atrasadas forem renegociadas e pagas, ou se transcorrerem cinco anos da data de vencimento dos débitos, entretanto se, por exemplo, no quarto ano a pessoa ficou mais uma vez inadimplente e é registrada, o prazo contará novamente. Mesmo que o prazo tenha passado para a dívida constar nos registros de devedores, não há impedimento para que ela seja cobrada se o período máximo de cobrança não tiver vencido, portanto, tente negociar e estipular um prazo para quitar o débito, evitando uma ação judicial de cobrança.

- ▶ A empresa em hipótese alguma pode cobrar a dívida de forma constrangedora, conforme assegura o artigo 42 do Código de Defesa do Consumidor, se for ameaçado por conta do débito, o consumidor pode protestar nas entidades de defesa do consumidor ou entrar com ação judicial tanto contra a empresa de cobrança quanto contra a empresa original.

- ▶ Todas as dívidas têm prazo para prescrever, e caso não sejam cobradas dentro do período máximo, o credor não poderá mais cobrá-la judicialmente, porém, com a prescrição, a empresa só perde o direito de cobrar judicialmente, mas poderá se valer de outras formas administrativas para exigir o pagamento da dívida, como telefonemas ou enviar correspondência.

A instituição pode, ainda, preservar o registro da dívida e, futuramente, negar um empréstimo ou venda a crediário, baseado no antigo débito. O prazo para prescrição das dívidas varia, mas fica em torno de cinco anos para boletos bancários, cartões de crédito e convênio médico.

Não é necessário contratar uma empresa ou pessoa que "limpe seu nome". Entre em contato diretamente com os credores, negocie melhores condições de pagamento, acerte o número de parcelas, dia de vencimento, juros e correções incidentes sobre o principal e seja pontual na quitação, porque, assim que o pagamento ocorrer, a empresa responsável pelo banco de dados terá cinco dias úteis para retirar o nome do consumidor do cadastro de inadimplentes. Contrate um advogado ou consultoria jurídica, todavia, se não concordar com parte ou totalidade dos débitos, ou com multas, juros, correção e outros acréscimos que o credor exija para solucionar a pendência.

Para saber se o seu nome está negativado, você pode efetuar uma pesquisa nos serviços de proteção de crédito. Essa consulta pode ser realizada nos locais de atendimento ou, quando disponível, pode ser feita pela internet.

No Consumidor Positivo do SCPC, é possível efetuar o cadastro e consultar a situação através do CPF pela internet. Na Serasa, você pode efetuar a consulta gratuitamente da situação de seu CPF pela internet, pessoalmente, via carta ou por procuração. Já o SPC, é possível efetuar a consulta em seus postos de atendimentos ou pela internet de forma paga.

CONSULTA AO SCPC

O SCPC (Serviço Central de Proteção ao Crédito) é um serviço administrado atualmente pela Boa Vista Serviços. Os postos de atendimento em São Paulo estão localizados nos bairros de Santo Amaro, Centro, Penha e São Miguel e os endereços de outros estados e horários de atendimento podem ser consultados no site da Boa Vista pelo link ead.li/boavista. Na página do SCPC é possível também checar o seu CPF e encontrar dicas sobre como manter seu orçamento em ordem. O SCPC tem o serviço Consulta de CPF Grátis, que é uma consulta online ao CPF para verificar se há pendências em seu nome. Caso haja alguma dívida, ela poderá ser renegociada pelo próprio site da Boa Vista. Para acessar ead.li/consulta-cpf-gratis.

Funcionamento

Você preenche um cadastro simples no site, para garantir a segurança de acesso aos seus dados. Depois de efetuar o cadastro, você recebe uma senha por e-mail e pode consultar se há débitos em seu nome no SCPC. O sistema informa os dados do credor, o valor da dívida e permite uma renegociação online.

CONSULTA À SERASA

Para saber se o seu nome está na lista da Serasa, você pode comparecer em uma das agências da Serasa Experian com os seguintes documentos para efetuar a consulta: CPF, RG, carteira profissional ou carteira nacional de habilitação e para que outra pessoa consulte, deve ser feita uma procuração com firma reconhecida e levar os documentos originais do procurador: RG, carteira de trabalho ou carteira nacional de habilitação. É possível efetuar a consulta grátis pela internet através do link ead.li/consulta-cpf-serasa. Há alguns planos no site para monitorar seu CPF pela internet, para verificar os valores acesse o link ead.li/me-proteja.

> ▶ A empresa também possui o serviço Limpa Nome Online, para acessá-lo: ead.li/limpa-nome-online.

CONSULTA AO SPC

O consumidor interessado em fazer uma consulta ao SPC deverá procurar qual a base conveniada mais próxima de sua residência e comparecer em um dos postos de atendimento do SPC, onde será solicitado que o cliente apresente o documento a ser consultado, em seguida, será emitido uma lista com os dados referente à consulta.

Atualmente (2020) o SPC não fornece nenhuma forma de consulta gratuita do CPF em seu site, todas as consultas são pagas e, se você desejar uma consulta paga, poderá acessar o link ead.li/consulta-spc.

Dívida vencida

Quando o nome de um devedor entra no cadastro do SCPC ou da Serasa, após cinco anos ele é removido automaticamente da lista, mas caso isso não aconteça, a pessoa poderá reclamar junto ao PROCON. A retirada do nome do cadastro não significa, no entanto, que não é preciso mais pagar a dívida, porque o devedor continua sujeito a cobranças e é sempre melhor ser um bom pagador para manter o crédito e a consciência tranquila.

> "Paguem todas as suas dívidas, exceto a dívida do amor aos outros; nunca terminem de pagá-la!..."
>
> Romanos 13:8

MEU NOME ESTÁ SUJO. O QUE FAZER?

Primeiro, é importante não cair na lábia dos intermediários, com suas promessas milagrosas para renegociar as dívidas.

Sempre procure negociar diretamente com o credor, pois, os intermediários ganham comissão sobre o valor recebido e efetuando o contato direto com o credor, você tem a opção de negociar as taxas de juros, e nessa hora, por meio da planilha, você deve saber o quanto de seu orçamento está disponível para o pagamento da dívida. Com esse dado em mãos, negocie a taxa e o valor das parcelas para assegurar-se de que, depois de oficializar a negociação da dívida com o credor, ele entre em contato com os órgãos competentes e solicite a exclusão de seu nome da lista de devedores.

DICAS PARA RENEGOCIAR AS DÍVIDAS

Após esses passos iniciais, você estará pronto para entrar em contato com o credor para regularizar suas pendências financeiras.

Vou apresentar abaixo sete importantes dicas para que você seja um bom negociador:

1. Antes de renegociar as dívidas, mapeie seu orçamento doméstico e faça as contas para apresentar uma proposta que se encaixe no seu orçamento;
2. Nunca recorra ao cheque especial ou a empréstimo com taxas altas. Procure opções mais baratas, como o empréstimo consignado;
3. No instante em que estiver negociando as dívidas, tenha algumas informações em mãos para poder auxiliar, como as contas em atraso e as cartas de cobrança;
4. Tenha a percepção se, para regularizar as pendências financeiras, você precisa de prazo, desconto ou ambos;
5. Seja verdadeiro com o credor que avaliará o seu caso, mas não se sinta envergonhado e fale sobre os motivos que o fizeram deixar de pagar as contas;
6. Ouça a proposta que o credor fará e, caso não esteja de acordo, apresente uma contraproposta para chegar o mais próximo possível das condições que seu orçamento permita;
7. Ao fechar a renegociação das pendências, não se esqueça de solicitar o comprovante que efetiva o acordo sobre o pagamento da dívida.

Uma dica extra e um ótimo aliado na hora de renegociar as dívidas são os valores em dinheiro recebidos pelas férias e do décimo terceiro salário, porque você pode utilizar esse dinheiro extra para negociar o pagamento à vista de seus débitos. Se você fizer o pagamento à vista, a empresa deve lhe oferecer descontos para compensar os juros que seriam cobrados.

Uma ferramenta excelente que irá ajudá-lo(a) a sair do vermelho é a portabilidade de crédito. Vou detalhar sobre esse assunto no próximo tópico.

TROCANDO DE DÍVIDA

Muitas vezes, mesmo com as medidas tomadas anteriormente para reduzir seus gastos, você não obterá fundos suficientes para o pagamento de seus compromissos financeiros. Então, neste caso, o melhor a fazer é renegociar a dívida diretamente com seu credor e, se as dívidas foram feitas em uma mesma instituição financeira, você terá a oportunidade de utilizar uma mesma linha de crédito que possua a menor taxa de juros ou transferir a dívida para outra instituição.

- ▶ Esta troca de dívida é chamada de Portabilidade do Crédito. De acordo com essa regulamentação, se você encontrar um banco que aceite financiá-lo em melhores condições que as do seu banco atual, você pode trocar a dívida de um banco para o outro, melhorando as condições de seus empréstimos e reduzindo os custos, mas para que essa mudança ocorra, você precisa encontrar um banco que aceite trocar sua dívida. O banco de destino, aquele para o qual se deseja fazer a portabilidade, comprará a sua dívida. O valor total da dívida deve ser comunicado ao novo banco, que quitará os pagamentos com banco que detinha a pendência anteriormente, quitando a dívida antecipadamente.

- ▶ A maneira mais efetiva de efetuar esta troca é com a utilização do crédito consignado, pois esse empréstimo apresenta a menor taxa de juros. Mas atenção para um detalhe: você pode comprometer no máximo 30% do seu salário e terá que viver com somente 70% de sua renda.

VEJAMOS MAIS INFORMAÇÕES SOBRE A PORTABILIDADE DE CRÉDITO

Portabilidade é a capacidade de transferência de crédito (dívidas, empréstimos e financiamentos) de uma instituição financeira para outra, solicitada pelo cliente, que deve negociar melhores condições de taxas com a instituição financeira que lhe concederá novo crédito.

Como as taxas de juros variam muito entre as diversas instituições financeiras, você pode aproveitar essa variação para efetuar a troca da dívida de um banco para outro, negociando taxas menores para efetivar a troca.

Muitas pessoas não sabem sobre a existência e o funcionamento da portabilidade, ou seja, estão perdendo a possibilidade de trocar as dívidas de um banco para outro que tenha uma taxa de juros menor. Para que essa troca seja possível, é necessário encontrar uma instituição financeira interessada em lhe conceder novo crédito, quitando o anterior, pois os bancos não são obrigados a aceitar essa operação.

COMO UTILIZAR A PORTABILIDADE DE CRÉDITO

Ao utilizar a portabilidade de crédito, você pode economizar muito a partir de linhas de crediários mais atraentes. Veja abaixo alguns macetes para facilitar a negociação.

1. Primeiro o consumidor deve consultar as taxas praticadas pelos bancos que pode ser realizada através do site do Banco Central, no link ead.li/taxas-juros. É necessário consultar a gerência e verificar se o banco aprova o seu cadastro;

2. Concluindo que outro banco possui taxa de juros menor em relação ao banco onde já tem o crédito, o consumidor pode optar pela troca, mas, para isso, precisa solicitar o saldo de suas pendências financeiras no banco onde tem o empréstimo. O banco tem obrigação de fornecer as informações no prazo máximo de até 5 dias;

3. Com essas informações em mãos, deve solicitar ao novo banco uma simulação da portabilidade, a descrição completa dos custos que serão incluídos na composição do novo cálculo, o CET (Custo Efetivo Total), que corresponde a soma de todas as despesas que são incluídas nas operações

de crédito, mas atenção! Analise se foram incluídos novos serviços ou tarifas, os quais podem ser questionados;

4. Faça uma comparação do valor da prestação e a taxa de juros para o mesmo período. Cuidado, porque se aumentar o número de parcelas, a prestação ficará menor, mas a dívida será maior, pois o saldo continuará por mais tempo exposto à taxa de juros, podendo eliminar o benefício da redução da taxa de juros;

5. Antes de acertar a portabilidade com o outro banco, certifique-se de que a operação de fato será benéfica, consulte o banco que possui a dívida e questione a possibilidade de redução da taxa de juros, argumentando sobre o período de relacionamento e serviços que utiliza e, se não houver negociação, efetue a troca.

PORTABILIDADE DE CRÉDITO RECUSADA

Seguindo os passos informados para solicitar a portabilidade, você corre o risco de receber uma recusa da instituição financeira. Neste caso, o banco que negar a portabilidade deve informar por escrito os motivos da recusa, segundo o Código de Defesa do Consumidor e caso a portabilidade seja aceita, a instituição com a qual o cliente já tem o crédito contratado (dívidas) é obrigada, de acordo com o BC, a acatar o pedido de portabilidade. O banco não pode negar nenhum tipo de informação ou criar qualquer dificuldade para que a portabilidade seja realizada.

A partir do momento que a portabilidade é efetivada e o novo banco recebe a operação, todos os prazos e valores originais são mantidos, somente a taxa de juros pode ser alterada, mas caso você ainda não seja cliente do banco que lhe concederá o novo crédito, poderá ser cobrada a tarifa de confecção de cadastro para início de relacionamento. Porém, os custos relacionados à transferência e à troca de informações de recursos entre as instituições não podem ser repassados ao devedor.

QUAIS CUSTOS NÃO PODEM SER INCLUSOS NA PORTABILIDADE DE CRÉDITO?

Quando é realizada a troca de dívidas entre bancos, a instituição financeira está proibida de cobrar do novo cliente os custos da transferência de recursos, entretanto, como informamos no tópico anterior, a instituição financeira poderá cobrar a tarifa de confecção de cadastro para início de relacionamento, logo, a portabilidade não prevê a cobrança de tarifas ou quaisquer outras taxas e é expressamente proibida a venda casada de serviços, ou seja, condicionar a oferta da portabilidade à contratação de títulos de capitalização, adesão a pacote de tarifas de serviços, seguros e outros. Mas, caso seja condicionado qualquer um desses serviços, denuncie as irregularidades junto ao Banco Central.

QUAIS DÍVIDAS PODEM SER TRANSFERIDAS PARA OUTRA INSTITUIÇÃO?

O consumidor pode efetuar a portabilidade em relação as seguintes dívidas: cheque especial, cartão de crédito, financiamento de veículo, financiamento imobiliário, empréstimo pessoal e empréstimo consignado. O consumidor deve prestar muita atenção e verificar se a troca da dívida é vantajosa, pois há crediários que possuem custos adicionais que podem ser cobrados. Por exemplo:

Na portabilidade do financiamento imobiliário, pode haver despesas com o registro de imóveis, custos com a documentação no cartório e a vistoria do imóvel, por isso, é importante colocar na ponta do lápis todos os custos envolvidos e verificar se a operação será vantajosa.

Se encontrar qualquer dificuldade para portar seu empréstimo, você deve buscar o auxílio do Banco Central pelo telefone 0800 979-2345, carta ou fax. Veja os endereços e telefones de atendimento em sua cidade: ead.li/banco-central.

Muitas pessoas que estão endividadas possuem o cartão de crédito ou cheque especial no topo da lista de valores devidos, e esses créditos possuem as maiores taxas de juros cobradas pelo mercado, portanto, é muito importante conhecer detalhadamente sobre a portabilidade e também quais as formas de trocar as dívidas mais caras pelas mais baratas. Vou apresentar algumas dessas modalidade e um comparativo no próximo tópico.

CRÉDITO BARATO PARA PAGAR AS DÍVIDAS

Se você está endividado, a regra de ouro das finanças pessoais é reduzir os juros, e para isso, é necessário procurar empréstimo mais baratos. Se você tem uma dívida com taxa de 12% ao mês, precisa trocá-la imediatamente por outra com juros bem mais baixos, como as do empréstimo pessoal ou consignado. Todas as compras feitas a prazo possuem juros embutidos, e para descobrir quanto eles custam, basta verificar qual seria o valor da compra à vista e comparar o valor com a soma das parcelas.

> ▶ Antes de procurar por novas linhas de empréstimos, vale lembrar que é necessário conhecer a sua real situação financeira e visualizar detalhadamente seu orçamento, só assim será possível avaliar a sua capacidade de pagamento. É fundamental manter o controle de seu orçamento, eliminando todas as despesas desnecessárias para priorizar o pagamento da nova dívida que será realizada.

É importante cumprir os prazos estipulados para o pagamento da nova dívida, pois o não cumprimento poderá acarretar um novo descontrole financeiro e todo o sacrifício feito até agora terá sido em vão.

Chegou a hora de saber exatamente quanto custa o dinheiro e este custo é proporcionado pela taxa de juros, que é o valor que o banco cobra para conceder o crédito. No portal da ANEFAC (Associação Nacional dos Executivos de Finanças, Administração e Contabilidade), você pode ter um parâmetro das principais modalidades, pesquisando quais são as taxas atuais, acesse ead.li/pesquisa-juros.

No site da ANEFAC (pesquisa efetuada em 11/2019) consta que o cartão de crédito possui a taxa de juros mais alta. O cartão e o cheque especial são as modalidades mais acessíveis para serem utilizadas, por isso, quanto mais rápido e fácil o acesso, maiores são os juros cobrados.

Em contrapartida, o financiamento de automóveis apresenta a linha de crédito mais barata. Esse fator acontece porque, em caso de inadimplência, o banco pode retomar o veículo para reduzir seu prejuízo devido à garantia. Em seguida, o empréstimo pessoal oferecido por bancos é o que possui as menores taxas de juros, porque os pagamentos das parcelas geralmente são realizados via débito automático da conta corrente do cliente, o que justifica taxas de juros menores.

Agora vamos conhecer em detalhes quais são os créditos baratos para pagar as dívidas.

EMPRÉSTIMO PESSOAL

O empréstimo pessoal é uma das formas de crediário disponíveis amplamente em diversas instituições financeiras como: bancos, financeiras etc. Existem diversas linhas de crédito no mercado para pessoa física que são específicas para certos consumos de bens como: o crédito automóvel, crédito imobiliário, crédito educação, crédito estudantil etc.

Os juros do empréstimo pessoal dos bancos são incluídos nas parcelas e são prefixados, e comparando suas taxas de juros com as do cartão de crédito ou do cheque especial, concluímos que são bem menores.

> ► O empréstimo pessoal, apesar de não ser ideal o uso excessivo, é significativamente mais barato que outras modalidades de crediários e, por isso, para quitar as dívidas desses créditos, seu custo torna-se muito mais vantajoso.

Através do site do Banco Central é possível consultar um relatório semanal com os valores cobrados por instituições financeiras de todo o Brasil. Você pode consultar a relação das instituições e as respectivas taxas neste link ead.li/emprestimo-pessoal. O Banco Central oferece um sistema que possibilita a realização de cálculos financeiros simples que é muito útil para você conhecer em detalhes o empréstimo pessoal: ead.li/calculadora-cidadao. Através desta ferramenta, é possível saber o número de meses em que sua dívida será quitada e conhecer qual a taxa de juros mensal que se está pagando, inclusive obter o valor das prestações e computar o valor total financiado.

CRÉDITO DIRETO AO CONSUMIDOR

O Crédito Direto ao Consumidor já deve ter sido utilizado por você muitas vezes, porém não lhe foi detalhado que você estava utilizando essa modalidade de crediário. Quando você efetua a compra de um bem (como móveis, eletrodoméstico, carro etc.) ou mesmo um serviço (pacote turístico, cursos etc.), você está utilizando o CDC (Crédito Direto ao Consumidor). As compras a prazo realizadas no cartão de crédito também são consideradas CDC.

- CDC também é disponibilizado pelo banco, e como correntista de algum banco, você pode utilizar a opção de empréstimo pré-aprovado oferecida pelo mesmo. As parcelas são debitadas automaticamente de sua conta corrente.

EMPRÉSTIMO CONSIGNADO

O empréstimo consignado é um tipo de crediário em que as parcelas são descontadas direto do salário do trabalhador. Esse é um dos grandes motivos de as taxas de juros cobradas serem bem menores do que outros tipos de crédito, e pode ser realizado mesmo com o nome negativado, portanto, qualquer pessoa que possuir carteira assinada pode procurar uma instituição financeira e descobrir se é possível descontar as prestações do empréstimo do seu salário ou benefício. Para solicitá-lo, é necessário comparecer na instituição financeira e apresentar os seguintes documentos: CPF, RG, comprovante de residência e holerite. O valor disponibilizado no empréstimo consignado depende do seu salário e não pode ultrapassar o limite de 30% dele.

> Nessa modalidade de crédito é expressamente proibida a cobrança de tarifa ou quaisquer outras taxas administrativa. Além disso, também é proibido o estabelecimento de prazo de carência para o início do pagamento das parcelas.

Em relação aos juros cobrados de funcionários públicos ou da iniciativa privada, não há limite, pois, em geral, as taxas sofrem a livre concorrência, logo, é importante efetuar uma pesquisa entre as diversas instituições financeiras. Veja a seguir algumas precauções que devem ser tomadas antes da contratação de um empréstimo consignado:

Nunca forneça o cartão magnético ou senha do banco a terceiros.

Jamais contrate um empréstimo sem antes analisar as taxas de juros e condições oferecidas por outras instituições.

É primordial analisar se a instituição está habilitada a operar segundo o Banco Central e, no caso do empréstimo consignado para pensionistas e aposentados do setor privado, se o órgão está convencionado ao INSS.

Não aceite qualquer promessa de acelerar o crédito por meio de intermediários.

Os interessados em contratar um empréstimo consignado nunca devem esquecer que esse tipo de crédito caracteriza dívidas que poderão impactar no seu orçamento pessoal e familiar futuro, em razão da obrigação com o pagamento mensal do empréstimo.

EMPRÉSTIMOS EM COOPERATIVAS DE CRÉDITO

Cooperativa Financeira (ou Cooperativa de Crédito) é uma instituição financeira, sem fins lucrativos, formada por uma associação de pessoas que buscam, através do apoio mútuo, o melhor gerenciamento de seus recursos financeiros e prestar serviços a seus associados.

► O propósito da cooperativa de crédito é prestar assistência financeira e a prestação de serviços de natureza bancária (aplicações, investimentos, empréstimo, financiamentos, recebimentos de contas, seguros etc.) a seus associados de modo simples e com condições mais favoráveis.

As Cooperativas de Crédito no Brasil são equivalentes às instituições financeiras (Lei 4.595/64) a sua atuação deve ser regulada e autorizada pelo Banco Central do Brasil (Bacen). O Cooperativismo também possui legislação própria, a Lei 5.764/71 e a Lei Complementar 130/2009. Do mesmo modo que nas instituições financeiras, os gestores das Cooperativas de Crédito estão sujeitos à Lei dos Crimes Contra o Sistema Financeiro Nacional (Lei 7.492), na ocorrência de má administração ou administração temerária de Instituição Financeira. Portanto, as cooperativas são reguladas pelo Bacen e a relação das cooperativas podem ser encontradas em ead.li/cooperativa-credito.

FUNCIONAMENTO DAS COOPERATIVAS

Em uma Cooperativa Financeira, todas as transações efetuadas pelos membros (depósitos, investimentos, empréstimos etc.) são convertidas em seu próprio benefício por meio de valores apropriados. Os recursos investidos na cooperativa de crédito permanecem na própria comunidade, o que contribui para o desenvolvimento das localidades onde está inserida.

► As cooperativas são compostas por no mínimo 20 pessoas. Sendo uma empresa de dupla natureza, contempla o lado econômico e o social de seus membros. O associado é dono e usuário da cooperativa, e como dono, ele administrará a empresa, já como usuário ele utiliza os seus serviços.

O cooperativismo não intenciona o lucro, as obrigações de todos os associados são iguais e o resultado obtido é repartido entre os membros, de acordo com a respectiva participação nas transações e atividades.

Atualmente, existem cooperativas dos mais diversos ramos: consumo, crédito, agropecuária, saúde, trabalho, educação e outros.

VANTAGENS DAS COOPERATIVAS

Entre todas as funcionalidades das cooperativas de créditos existentes, uma das mais vantajosas é a possibilidade de obter empréstimos com taxas de juros bem menores do que os oferecidos pelos bancos tradicionais. As taxas de juros cobradas pelas cooperativas são menores do que a média cobrada pelos bancos porque o dinheiro emprestado vem dos próprios associados a um custo baixo.

Quando um novo cliente se associa a uma cooperativa, contribui com uma cota, que é a representação da sociedade, cujo valor depende de decisão do conselho, e cada vez que toma um empréstimo, parte dos juros pagos retornam para o associado, aumentando seu capital inicial. Outra vantagem das cooperativas é que elas não cobram tarifas de manutenção de conta ou talão de cheques.

Dívida	Total	Taxa de	Parcelas	Valor	Total da Dívida
Cartão de Crédito	R$ 1.000,00	18%	12	R$ 607,30	R$ 7.287,60
Cheque Especial	R$ 1.000,00	12%	12	R$ 324,66	R$ 3.985,92
Empréstimo Pessoal	R$ 1.000,00	4.65%	12	R$ 143,78	R$ 1.725,36
Crédito Direto ao Consumidor	R$ 1.000,00	4.3%	12	R$ 138,11	R$ 1.657,32
Empréstimo Consignado	R$ 1.000,00	2.62%	12	R$ 113,86	R$ 1.363,92

COMPARATIVO ENTRE AS TAXAS

Como uma imagem vale mais do que mil palavras, veja um exemplo dos valores totais da dívida referente a um empréstimo no valor de R$1.000,00. A diferença entre o mais caro, que são os juros do cartão de crédito (628,76% a.a.), e o mais barato, que são os juros do empréstimo consignado (36,39% a.a.) é de 592,37% ou exatos R$5.923,68.

Portanto, antes de pensar em pagar o valor mínimo do cartão de crédito, reflita sobre a discrepância de valores. Essa diferença nos valores pode ser utilizada no abatimento de alguma dívida ou mesmo ser direcionada para a realização de algum sonho.

FEIRÃO LIMPA NOME

Outra possibilidade de eliminar as dívidas é por meio do Feirão Limpa Nome. Durante o ano, a Serasa realiza o feirão limpa nome online para renegociar as dívidas das pessoas que possuem alguma pendência financeira com instituições ou lojas do comércio. Segundo a Serasa, o Feirão auxilia as pessoas a terem o nome retirado do cadastro de restrição ao crédito, negociando dívidas em atraso diretamente com os credores. Nesse feirão online, podem participar os consumidores de todo o país, portanto, se possui alguma pendência financeira, essa é mais uma ferramenta disponível para sair da inadimplência. Existe a possibilidade de comparecer nos feirões presenciais que são realizados na cidade de São Paulo e Rio de Janeiro. O local do evento pode ser consultado no site da Serasa.

COMO PARTICIPAR DO FEIRÃO LIMPA NOME ONLINE

O Feirão Limpa Nome tem uma versão online para os interessados que desejam fazer suas renegociações em qualquer ponto do país. A versão online funciona 24 horas em todos os dias do ano e é um serviço gratuito. O Super Feirão tem a participação de diversas empresas de ramos diferentes, que também oferecem descontos especiais.

Para participar, basta acessar ead.li/feirao-serasa, preencher um cadastro, e o consumidor será encaminhado a uma página onde serão mostrados todos os estabelecimentos que apresentam dívidas que ele tem e que estão cadastradas na base de dados da Serasa.

> ► O site é desenvolvido em ambiente seguro, segundo a Serasa. Logo, o acesso pode ser efetuado de qualquer computador para negociar suas pendências, caso não tenha internet em casa.

Ao selecionar e clicar na companhia, o consumidor será direcionado a uma página onde constam as pendências financeiras e os meios de atendimento disponíveis. A partir desse momento, as dívidas podem ser negociadas diretamente com a empresa com a possibilidade de acordar possíveis descontos e condições de pagamento diferenciadas — em algumas circunstâncias, um boleto estará disponível, a partir de uma proposta feita pela própria empresa.

Mesmo que determinada empresa disponibilize um boleto no ato da consulta, é importante que você entre em contato com a empresa para renegociar o máximo possível as taxas de juros ou verificar a possibilidade de alongar o prazo para que a parcela caiba em seu orçamento. As propostas são apresentadas pelas empresas de forma individualizada. Dependendo das condições da dívida, os descontos podem chegar a 95%, segundo os especialistas, frisando que não são todas as dívidas que podem ser negociadas pelo Feirão Online, e você só poderá negociar com as empresas participantes.

VEJA O PASSO A PASSO PARA UMA NEGOCIAÇÃO BEM-SUCEDIDA:

1. Mapeie[1] todos as suas contas atrasadas. Não tenha receio de encarar as dívidas, e caso precise, solicite ajuda de alguém de confiança.

2. Efetue as contas e veja o quanto você pode disponibilizar para pagar as pendências financeiras que serão negociadas, considerando as despesas fixas e variáveis que já possui mensalmente. Nunca se esqueça que renegociar e depois não pagar a nova dívida causará ainda mais transtornos, além de nova restrição ao crédito, portanto, inclua nesses cálculos alguma renda extra que já seja certa (13º salário, venda de algum bem etc.).

3. Analise se o credor para o qual você possui dívidas está participando do Feirão Limpa Nome em uma de suas versões presencial ou pela internet.

---

[1] Faça o download da Planilha EAD (Eliminar as Dívidas) site ead.li/planilhas-divida

4. Na hipótese de comparecer ao evento físico, é sensato levar uma pessoa de confiança, que tenha conhecimento de sua situação, e seja capaz de instruí-lo na hora de renegociar, se necessário.
5. Seja muito paciente no momento da negociação, não é necessário aceitar a primeira proposta oferecida pela empresa. Seja sincero e explique sua real situação financeira. A preparação prévia, efetuada nos passos anteriores, contribuirá com essa etapa.
6. Nas negociações efetuadas pela internet, lembre-se que você tem oportunidade para entrar e sair do site quantas vezes quiser antes de aceitar um acordo, por isso, utilize essa chance para refletir com calma sobre as condições oferecidas e decidir pela proposta que melhor se encaixa em seu orçamento.
7. Não faça um novo empréstimo com o qual você não poderá arcar, contando com pagamentos futuros, ainda não disponíveis, ou com a venda de bens ainda não comercializados. Cumpra os novos prazos de pagamento até o final.
8. Segundo a legislação brasileira, o nome do consumidor deve ser removido do cadastro de inadimplentes até cinco dias úteis após o pagamento da dívida atrasada ou da primeira parcela da renegociação, mas essa recuperação do crédito não deve ser um estímulo para voltar a consumir sem planejamento.

▶▶▶▶▶▶▶

Solicite um empréstimo apenas para quitar alguma outra modalidade de crédito com altos juros, mas não caia na armadilha do dinheiro fácil e não pegue mais do que você precisa e pode pagar.

Seu foco deverá ficar no pagamento das parcelas do empréstimo escolhido e simule o empréstimo com diversos cenários, diferentes parcelamentos e diversas instituições financeiras. Procure não parcelar em muitas vezes, pois o custo efetivo total do seu empréstimo será maior.

5

O QUE FAZER EM CASO DE SUPERENDIVIDAMENTO

Nos últimos anos, houve um crescimento significativo de pessoas que estão endividadas não somente no Brasil como no mundo. A ampliação da oferta do crédito fácil, com a falta de utilização de um orçamento doméstico, torna cada vez mais comum o surgimento de consumidores que não têm capacidade de quitar suas dívidas, e quando isso ocorre, o consumidor entra para o mundo dos inadimplentes por gastar mais do que ganha todos os meses e, muitas vezes, entra para o grupo dos superendividados.

Podemos determinar o superendividamento como a incapacidade do endividado (pessoa física), consumidor inexperiente e de bom caráter, quitar quaisquer de suas pendências financeiras vigentes e futuras de consumo (excetuada os débitos com o fisco, as procedentes de crimes e de alimentos) em um tempo plausível com sua capacidade atual de renda e patrimônio.

O superendividamento tornou-se um fenômeno social, jurídico e econômico que precisa do máximo de atenção, pois influencia no comportamento do cidadão, e na maioria das vezes, o impossibilita de suprir suas necessidades básicas, como moradia, alimentação e vestuário. Nos dias atuais, as pessoas são estimuladas a consumir de modo imprudente, esse consumo desenfreado proporciona desequilíbrio no orçamento mensal e ocasiona a maioria dos transtornos em relação à vida pessoal e familiar.

> ▶ É necessário que o endividado redobre a cautela com seus gastos, porque, em muitos casos, as pessoas são otimista em relação a sua capacidade de pagar dívidas: elas recorrem ao banco para trocar o saldo devedor de um cheque especial ou a dívida com cartão de crédito por um empréstimo pessoal ou consignado, regularizando a sua situação momentâneamente.

Porém, o seu custo de vida não diminui, ao contrário, acaba aumentando e tendo que recorrer novamente à linha de crédito mais cara. O endividado não percebe que está entrando em uma armadilha financeira, pois com o comprometimento da renda com a dívida anterior, somando as dívidas novas, levam alguém a ficar superendividado.

ENDIVIDAMENTO E SUPERENDIVIDAMENTO

> ▶ O endividamento é a incapacidade do consumidor, de boa índole, pagar as suas contas. O consumidor de boa índole é considerado aquele que faz dívidas e possui a intenção de pagar, mas que, em algum momento, por diversos motivos, se vê impossibilitado de quitar seus débitos.

No endividamento, o consumidor possui a tendência de quitar suas dívidas sem comprometimento de sua renda mensal, que é utilizada para suprir suas necessidades básicas. Já no superendividamento, o consumidor não encontra nenhuma capacidade de quitar suas dívidas, sua renda mensal é totalmente comprometida e sofre até para prover suas necessidades básicas.

O endividamento muitas vezes acontece por conta do devedor sobreavaliar o seu rendimento, pela inabilidade de gerenciar seu orçamento ou por ceder às tentações do consumo e da publicidade em busca de um padrão de vida mais elevado comparando sua vida a de outro.

▶ Já no caso do superendividamento, ele acontece quando uma pessoa de boa índole se vê impossibilitada de quitar suas dívidas vigentes ou futuras com seu atual ganho mensal ou o seu patrimônio. Quando alguém está superendividado, passa a ter dificuldades de suprir suas necessidades básicas, como alimentação, moradia, vestuário. Isso pode ocasionar sérias consequências na vida pessoal (psicológica, econômica e social) e familiar.

As causas para o superendividamento são diversas e podemos mencionar as seguintes situações inesperadas ou de força maior: uma doença de alguém da família, a morte do cônjuge, separação, perda de emprego etc. O superendividamento também pode ser ocasionado por situações que envolvem um comportamento ou uma avaliação equivocada, tais como: uso excessivo do cartão de crédito e consequentemente utilização do crédito rotativo, consumo irresponsável, não utilização de um planejamento financeiro, contratação de crédito caro, gastar mais do que ganha etc.

TESTE
VERIFIQUE SE VOCÊ ESTÁ NO GRUPO DOS SUPERENDIVIDADOS

Efetue o teste a seguir e seja o mais sincero possível para verificar como estão suas finanças pessoais.

▶ Nos últimos doze meses, seus rendimentos foram voltados para:

A. Pagar as despesas do mês e poupar o excedente
B. Pagar as despesas do mês e consumir
C. Pagar quase todas as despesas do mês
D. Não foi suficiente para pagar as despesas do mês

▶ No último ano, a média de eventualidades financeiras foi de:

A. Não tive nenhuma eventualidade
B. Tive uma situação eventual

C. Tive, em média, três situações eventuais

D. Tive inúmeras eventualidades

▶ Você considera eventualidades financeiras:

A. Não tenho eventualidades, pois possuo um "colchão de emergência"
B. Perder o emprego
C. Cursos de aprimoramento
D. Troca de alguns bens

▶ Em relação aos seus rendimentos, qual é o percentual que você possui em empréstimos, financiamentos e/ou carnês?

A. Nenhum
B. Até 30%
C. Até 50%
D. Acima de 50%

▶ Nos últimos doze meses, quantas vezes você contraiu empréstimos e/ou financiamentos?

A. Nenhum
B. Uma vez
C. Duas vezes
D. Mais de três vezes

▶ No último ano, quantas vezes você utilizou o cheque especial, atrasou pagamentos e/ou utilizou o rotativo do cartão de crédito?

A. Nenhum
B. Uma vez
C. Duas vezes
D. Mais de três vezes

▶ Quantas vezes você já teve seu nome incluído no cadastro restritivo de crédito (SPC, Serasa etc.)?

A. Nenhum
B. Uma vez
C. Duas vezes
D. Mais de três vezes

▶ Qual é o período em que você costuma consumir mais?

A. Não tenho período definido
B. Quando preciso renovar algo
C. Quando há alguma promoção
D. Quando recebo o salário

▶ Nos últimos doze meses, quantas vezes você comprou alguma coisa e não utilizou?

A. Nenhum
B. Uma vez
C. Duas vezes
D. Mais de três vezes

▶ Qual é o planejamento que você faz para rendimentos extras (13° salário, dividendos, bonificação, comissão, divisão de lucros, prêmios de participação etc.)?

A. Invisto de acordo com meus objetivos e meu perfil de investidor
B. Separo uma parcela para pagar algumas contas e poupo o restante
C. Gasto com algo que desejo
D. Decido somente depois de receber

RESULTADO

Conte o número de respostas e anote quantas você marcou de cada alternativa:

Resposta A: ____   Resposta C: ____
Resposta B: ____   Resposta D: ____

▶ Se você selecionou mais a letra A:

Parabéns, você não está endividado! Você possui algum conhecimento sobre educação financeira e está no caminho certo para lidar com o dinheiro. Um pouco mais de cuidado e você alcançará voos cada vez maiores.

▶ Se você selecionou mais a letra B:

Você comete alguns deslizes em relação às suas finanças pessoais, mas nada tão preocupante. Você pode estar enfrentando uma situação de endividamento temporária por conta de algum imprevisto que está alheio à sua vontade. Porém, é importante buscar conhecimento sobre educação financeira para entender sobre como organizar o orçamento e não ficar à mercê dos acontecimentos.

▶ Se você selecionou mais a letra C:

Seu grau de endividamento é preocupante, portanto, você deve começar a tomar muito cuidado sobre como está lidando com suas finanças pessoais. Há muitos imprevistos em sua vida por conta da forma como você lida com o dinheiro, fazendo com que sempre fique em situação de endividamento. A forma como você lida com seu orçamento pessoal deve ser revista o mais rápido possível. É muito importante refletir sobre as motivações que levam você a corriqueira situação de endividamento. Alguma situação pode influenciar em como você lida com o dinheiro.

▸ Se você selecionou mais a letra D:

Você está no grupo dos superendividados e não possui nenhum controle sobre a sua vida financeira, assim você sempre será refém dos acontecimentos e nunca estará livre do endividamento e, provavelmente, você está escolhendo quais contas pagará em detrimento de outras.

Suas dívidas já viraram uma bola de neve e é muito importante você procurar ajuda especializada para eliminar suas dívidas. O primeiro passo é fazer um levantamento de todas as dívidas e verificar o quanto de seus rendimentos será possível direcionar para pagá-las, e após esse processo, procure o órgão responsável em sua cidade e apresente sua situação para que seja possível analisar as propostas, sempre de acordo com a sua disponibilidade de pagamento.

A falta de dinheiro momentânea não qualifica a pessoa como superendividada. Para que uma pessoa seja pertencente ao grupo dos superendividados, deve-se efetuar um levantamento de seu patrimônio, bem como os valores de suas dívidas e os gastos decorrentes do mês, assim, a diferença negativa e a incapacidade de cumprimento de seus deveres serão fatores que podem qualificar uma pessoa como integrante do grupo dos superendividados.

PREVENÇÃO CONTRA O SUPERENDIVIDAMENTO

O recurso mais importante de prevenção contra o superendividamento é o acesso à educação financeira. Uma educação financeira de qualidade deve informar e esclarecer sobre a importância do planejamento financeiro, sobre a utilização de um controle de orçamento mensal, os riscos do crédito e o comprometimento futuro de sua renda. Esse planejamento é estritamente necessário para o bom andamento de sua saúde financeira.

Outro fator importante de prevenção contra o superendividamento pode ser retirado do artigo 52 do Código de Defesa do Consumidor, que trata sobre a informação de contrato de crédito. É fundamental obter informações precisas sobre crédito e seus devidos riscos, para que possa ser usufruído da melhor maneira possível.

Art. 52. No fornecimento de produtos ou serviços que envolva outorga de crédito ou concessão de financiamento ao consumidor, o fornecedor deverá, entre outros requisitos, informá-lo prévia e adequadamente sobre:

1. preço do produto ou serviço em moeda corrente nacional;
2. montante dos juros de mora e da taxa efetiva anual de juros;
3. acréscimos legalmente previstos;
4. número e periodicidade das prestações;
5. soma total a pagar, com e sem financiamento.

Por fim, é muito importante tratar das causas do comprometimento futuro da renda, aprender sobre a importância de postergar o consumo em detrimento de obter maior segurança com o acúmulo de renda para o futuro. O comprometimento futuro da renda pode afetar o orçamento atual por conta de diversos motivos, como: desemprego, descontrole financeiro, empréstimos, despesas básicas e outros. Logo, a constituição de um colchão financeiro é fundamental para atravessar esses momentos de adversidade e só é possível obtê-lo através do acesso à educação financeira.

TIPOS DO SUPERENDIVIDAMENTO

Segundo a classificação europeia, o superendividamento pode ser dividido em Superendividamento Passivo e Superendividamento Ativo.

- No Superendividamento Passivo, o consumidor não cooperou intencionalmente com o surgimento da falta de fluidez do dinheiro, esse problema pode estar relacionado a alguns fatores da vida, como: desemprego, redução de salário, divórcio, doença etc.
- No Superendividamento Ativo, o consumidor gasta desenfreadamente acima de suas condições econômicas. Por conta do uso abusivo do crédito e do cheque especial, e não por conta de fatores alheios à sua vontade, esse consumidor não tem capacidade de lidar com a sociedade de consumo e do crédito farto.

Independentemente da classificação, nos dois casos as pessoas são categorizadas como superendividados e precisam criar ações proativas para quitar suas dívidas. Caso seja necessário, podem recorrer e obter o apoio de órgãos como PROCON e Defensoria pública para auxiliar na renegociação das dívidas junto aos credores. Vou abordar em um tópico posterior como recorrer a esses órgãos.

O QUE FAZER EM CASO DE SUPERENDIVIDAMENTO

Uma das soluções mais rápidas para sair do superendividamento e estancar a sangria financeira é por meio da venda de bens com liquidez, como o carro, eletroeletrônicos, roupas e bijuterias em bom estado. A venda de bens, por pior que seja o sentimento de perda, deve ser considerada.

- As pessoas que estão inadimplentes precisam perceber que se trata de uma fase complicada da vida e repleta de restrições, mas que pode ser atravessada desde que haja planejamento e disciplina.

Efetuando a venda de bens e fazendo um levantamento de quanto foi possível arrecadar, é chegada a hora de entrar em contato com os credores para renegociar as dívidas. Feche somente um acordo que caiba em seu orçamento, pois não adianta fechar um acordo e logo em seguida ver que não tem capacidade para o pagamento, mas além da venda de bens, é necessário cortar despesas fixas e variáveis para que sobre dinheiro e seja possível oferecer uma entrada. Caso esteja devendo R$2 mil, recomendo oferecer uma entrada de R$400,00 ou R$600,00 à vista, com um possível desconto, o valor total poderá ser quitado ou sobrará somente um pequeno saldo devedor.

▶▶▶▶▶▶

No próximo tópico, vou apresentar algumas medidas para serem utilizadas em caso de superendividamento que foram retiradas do livro *Como Organizar sua Vida Financeira – inteligência financeira pessoal na vida prática*, do grande mestre Gustavo Cerbasi.

PRIMEIRA PROVIDÊNCIA: ESTANCAR A SAÍDA DE DINHEIRO

"O objetivo é, antes de aplicar o remédio, estancar o ferimento", e neste caso, o ferimento está no volume de gastos maior do que o orçamento comporta. Os gastos da família devem ser reduzidos a níveis abaixo da subsistência, portanto, se a família realmente acreditar nesse plano, encarará o desafio como uma gincana, e não como um problema, lidando positivamente com a situação. Algumas sugestões para cortar os gastos radicalmente incluem:

- ▶ Elimine totalmente as compras parceladas.
- ▶ Decrete guerra ao consumo de energia. Vale desrosquear lâmpadas, tomar banhos rápidos (lembre-se da gincana: que tal uma competição para ver quem consome menos tempo?), caprichar menos ao passar roupas, diminuir o termostato da geladeira, diminuir as horas de uso da televisão e do computador (quando foi a última vez que vocês jogaram cartas juntos?), eliminar o uso de DVDs e tirar aparelhos eletrônicos da tomada, dentre outros.
- ▶ Condicionadores de ar e ventiladores também estão descartados, porque se abanar também refresca.

- O gás é muito mais barato do que a energia elétrica, por isso tire o micro-ondas da tomada ou, se preciso, tire-o da cozinha, enquanto as contas não estiverem equilibradas, aquecendo os alimentos no fogão ou no forno — a gás, não elétrico. Isso toma mais tempo, porém, é mais um motivo para reunir a família. Por que não na cozinha?
- Pelo motivo anterior, descarte a compra de alimentos semiprontos e prefira comprar ingredientes *in natura* e fazer suas próprias receitas, prática que custa menos, rende mais e também faz da cozinha um lugar mais divertido.
- Guarde o telefone celular na gaveta e compre cartões telefônicos, afinal, os telefones públicos costumam estar nos lugares que realmente motivam ligações relevantes.
- Nenhuma compra deve ser feita se não for uma necessidade básica, incluindo roupas, acessórios, revistas, jornais, bugigangas e presentes. Sim, presenteiem-se de forma simbólica, com gestos e não com coisas materiais — uma foto é uma boa maneira de guardar momentos.
- Deixe o carro na garagem, ou até mesmo venda-o, principalmente se você trabalhar próximo de casa. Ônibus faz bem para o bolso e bicicleta faz bem para o bolso e para a saúde.
- Lazer? Que tal resgatar o hábito de fazer caminhadas pelo bairro?
- Interrompa o curso de idioma, a academia, as terapias e massagens.
- Férias? Só depois de reequilibrar sua vida financeira, então, aproveite os roteiros turísticos e programas culturais gratuitos de sua cidade.
- Gaste menos com alimentos, explicando às pessoas queridas que você está em uma situação única na vida, a qual culminará em sua libertação de um velho problema e peça ajuda, mas não em dinheiro! Peça para ser convidado para jantar na casa desta pessoa querida, obviamente, por conta

dela. Se ela for realmente querida e se propuser a ajudar, não recuse o convite para que toda a família tome banho e assista à novela por lá, para economizar na conta de luz. Pode parecer piada, mas familiares jamais recusam esse tipo de ajuda. Já se fosse um pedido de dinheiro...

Fonte: CERBASI, Gustavo. *Como Organizar sua Vida Financeira– inteligência financeira pessoal na vida prática*. **Editora Sextante (2015), p. 107-109.**

▶ **OS SACRIFÍCIOS SÃO TEMPORÁRIOS, MAS OS TRIUNFOS SÃO PARA SEMPRE.**

Se mesmo depois de tomar todas essas medidas para juntar dinheiro e oferecer uma boa entrada e o credor não conceder um bom desconto ou não facilitar a quitação da dívida, chegou a hora de buscar apoio dos órgãos responsáveis em sua cidade.

DEFENSORIA PÚBLICA

A Defensoria é uma instituição pública que tem como objetivo defender os direitos das pessoas que não possuem condições de pagar as despesas de um processo e a contratação de um advogado particular. Para ser atendido pela Defensoria, é necessário comprovar a renda familiar e patrimônio, comparecendo a instituição munido dos documentos originais e cópias do CPF e da carteira de identidade, holerite, extrato bancário dos últimos três meses, relação dos contratos das dívidas e levantamento do valor devido para que os defensores públicos avaliem o caso.

PROCON

Em alguns estados, a Defensoria Pública tem parceria com o PROCON, órgão que tem um Programa de Apoio ao Superendividado (PAS). O atendimento ao consumidor superendividado conta com a realização de audiência coletiva de conciliação, com todos os seus credores, até mesmo para avaliar o grau de endividamento do consumidor que será beneficiado com o programa.

▶ ▶ ▶ ▶ ▶

É preciso monitorar constantemente seu orçamento para identificar que além dos gastos fixos mensais como aluguel, condomínio, plano de saúde, água, luz, podem aparecer diversos outros gastos que não estavam previstos no orçamento, os quais poderão levar ao endividamento, portanto, o mapeamento do orçamento é fundamental para um melhor controle de gastos e para que na ocasião em que tiver que efetuar alguns cortes, tenha uma imagem real de sua situação financeira e saiba o que priorizar. Além do corte no orçamento para adaptar a renda à nova situação de vida, deve-se ter o objetivo de renegociar e quitar as dívidas antes que elas se transformem em uma bola de neve.

> ▶ A venda de bens para abater parte ou todos os débitos deve ser levada em consideração, mesmo se tratando de uma decisão dolorosa, porque nem os créditos mais baratos lhe trarão a tranquilidade financeira que tanto almeja.

O importante é eliminar as dívidas e sair dos juros exorbitantes o mais rápido possível. A preocupação número um deve ser eliminar ou reduzir o endividamento, e quem não seguir essa cartilha se enrolará cada vez mais.

A mensagem principal é que você utilize esse processo de endividamento para aprender com seus erros. Admita que o endividamento é culpa de gastar mais do que ganha, pelo exagero no consumo, que consequentemente o levou ao descontrole financeiro, então, é melhor assumir a responsabilidade perante as dívidas do que culpar o sistema pelo seu erro, pois você criará fundamentos importantes com esse processo de aprendizado e provavelmente não repetirá esse comportamento no futuro.

Vamos passar agora para a segunda fase do **Método Mobile**, que é...

► PARTE II

PROSPERAR
FINANCEIRAMENTE

▶6
COMO DEFINIR
E PRIORIZAR
SEUS OBJETIVOS

O QUE VOCÊ VAI SER QUANDO CRESCER?

Acredito que desde criança todos nós temos alguma carreira de preferência ou desejamos realizar o mesmo trabalho de nossos pais ou de alguém que admiramos. Meu sonho era trabalhar em um banco ou ter meu próprio escritório onde receberia os clientes, porém, nunca defini sobre o que seria efetuado no escritório, só me imaginava efetuando o atendimento aos clientes. O objetivo de trabalhar em banco ainda não foi realizado, porque mesmo fazendo alguns concursos públicos, não passei devido à falta de estudo e dedicação que o concurso exige.

O primeiro concurso para o qual realmente me propus a estudar com afinco, eu fui aprovado, e fiquei dez anos no serviço público. O desejo de trabalhar em banco foi diminuindo ao longo do tempo e quanto mais eu aprendia sobre educação financeira, menos interesse eu tinha de trabalhar em banco. Já o sonho de ter um escritório foi realizado logo que me formei em ciências da computação, abrindo um escritório na área de tecnologia e recebendo diversos clientes.

Porém, percebi que não era esse tipo de atendimento que eu almejava e depois de cinco anos, de 2008 a 2012, decidi passar o negócio para frente e continuar buscando o escritório dos meus sonhos. Então, iniciei meus estudos sobre finanças pessoais e comecei a atender individualmente algumas pessoas que tinham interesse em melhorar a sua qualidade de vida. Desse novo projeto, nasceu uma paixão, pois encontrei algo que me realizava profissionalmente e financeiramente. Meu período de estudo foi aumentando cada vez mais e novos projetos foram iniciados.

Sempre digo que *quando temos um objetivo definido, temos muito mais forças para lutar contra qualquer adversidade que aparece ao longo do caminho*. Esse meu sonho só foi possível de ser realizado por meio de muito compromisso e determinação.

> ▶ Deus não nos dá tudo aquilo que pedimos, mas nos presenteia com aquilo que merecemos. Você não recebe pelo que pede, mas pelo que faz.

No Capítulo 9 detalharei como consegui realizar meu sonho de infância e o que você pode fazer para que seu sonho também se realize. Agora, revelarei qual a importância de refletir e definir seus objetivos, porque esta é a segunda e mais importante fase do Método Mobile.

A IMPORTÂNCIA DE DEFINIR SEUS OBJETIVOS

Grande parte das pessoas alega que não é possível eliminar as dívidas por ter um orçamento apertado, porém, não conseguem abrir mão do consumo imediato e, na maioria das vezes, pelo conflito que tem internamente ao comparar sua vida com a das pessoas ao redor e para se sentirem realizadas, contratam serviços ou compram produtos com o intuito de serem aceitas pela sociedade, e pior, incorporam tais gastos em suas vidas acreditando não ser possível renegá-los, mas o ideal é viver dentro de suas posses. O que não pode ser feito é aceitar tudo de forma passiva, sem questionar se esta dívida vai agregar valor à sua vida.

OBJETIVO É O MAIS IMPORTANTE

O mapeamento do orçamento, juntamente com a definição de seus sonhos, é o que fará com que você realize os seus desejos mais íntimos e uma das fases mais importantes do planejamento financeiro é a definição de suas metas, pois todas as ações realizadas deverão estar em prol de sua conquista.

Definir seus objetivos é, portanto, **a segunda, e a mais importante fase do Método Mobile.** Tendo suas metas definidas, você reverá todos os valores anotados na planilha de orçamento mensal, para que possa chegar a uma conclusão sobre o que é estritamente necessário no atual momento de sua vida, fazendo com que você elimine os desperdícios e, a princípio, direcione este dinheiro para livrar-se do endividamento. Esse procedimento também fará com que você gaste de forma consciente e inteligente.

DEFININDO OS OBJETIVOS

Um objetivo é algo que você deseja realizar. Nessa fase do planejamento financeiro, você deve pensar em seus maiores sonhos.

▶ QUANDO TEMOS UM OBJETIVO DEFINIDO, TEMOS MUITO MAIS FORÇAS PARA LUTAR CONTRA QUALQUER ADVERSIDADE AO LONGO DO CAMINHO.

Pense em algo que realmente deseja conquistar, e então anote seu objetivo em um caderno ou no computador, pois um objetivo não escrito é somente um desejo.

A IMPORTÂNCIA DOS PRAZOS E AÇÕES

Logo após você ter refletido sobre os seus maiores sonhos, é importante que você coloque um prazo e defina um valor para a realização de seu objetivo, afinal, de nada adianta você possuir um sonho e não colocar em prática ações para realizá-lo. É importante que você pense em seus objetivos de curto, médio e longo prazo.

Veja um exemplo de objetivos de curto, médio e longo prazo. Repare que as parcelas a serem economizadas podem ser estipuladas de acordo com seu orçamento.

Objetivo	Prazo (meses)	Valor Estipulado	Economizar
Férias	12	R$ 1.600	R$ 129,71
Automóvel	60	R$ 22.000	R$ 315,32
Poupança Filho	216	R$ 50.000	R$ 129,08
TOTAL			**R$ 574,11**

Você pode aumentar o prazo para que a parcela caiba em seu bolso.

► É muito importante refletir e escolher os seus objetivo, porque após defini-los, todos os seus esforços estarão sendo direcionados para realizá-los, mas não adianta esperar por resultados espetaculares se suas energias e foco não estão direcionados para algo que você realmente deseja, e o máximo que conseguirá serão resultados medíocres, sendo mediano como a grande maioria das pessoas.

"A definição de insanidade é continuar fazendo a mesma coisa esperando resultados diferentes. "

Albert Einstein

COMO PRIORIZAR SEUS OBJETIVOS

O que é mais importante para você? Após traçar seus objetivos, chegou a hora de priorizar o que é mais importante. Nesta fase do planejamento financeiro, BALANCEAR (3ª Fase do Método Mobile), você visualizará todos os gastos realizados dentro de um mês e verificará se estão de acordo com o objetivo traçado.

Reforçando e deixando bem claro que não será necessário privar o consumo, como muitas pessoas imaginam, você fará o uso planejado e inteligente de seu dinheiro e determinará o quanto de sua renda mensal será capaz de economizar sem prejudicar sua qualidade de vida. Alterando alguns hábitos e crenças negativas que podem estar enraizadas em seu comportamento, você poderá conquistar qualquer objetivo que almeja.

Caso Real

Utilizando um exemplo do livro *Economizar sem Perder o Prazer de Viver*, o casal José e Maria possuía uma assinatura de uma revista que não tinha tempo de ler, com isso, eles perdiam um pouco de seu suado dinheiro nesse item, mas eles conseguiram cortar este e outros desperdícios, o que os ajudou a sair do endividamento.

Visualize sua planilha de orçamento mensal e verifique quais são os gastos que podem ser diminuídos ou eliminados. Esta fase do planejamento financeiro, após você ter estabelecido quais são seus objetivos e sonhos, será a fase de balancear a distribuição de seus pagamentos de acordo com suas prioridades, portanto, será necessário muito esforço, atitude e disciplina para sair da zona de conforto e correr atrás de seus objetivos. Essas ações serão primordiais para a realização de seus sonhos e para novas ações proativas será necessário rever e alterar os seus antigos hábitos pessoais e financeiros, porque essa é a estratégia mais poderosa para se livrar do endividamento.

O MÉTODO MAIS EFETIVO E PODEROSO PARA NÃO CAIR NA ARMADILHA DO ENDIVIDAMENTO

▶ PROSPERAR É UMA QUESTÃO DE ESCOLHA.

Quando pensamos em uma forma de acabar com as dívidas, as primeiras atitudes a serem tomadas são: listar todas as dívidas no caderno ou na planilha; renegociar com os credores os prazos para pagamento e as taxas de juros; efetuar a portabilidade de crédito (trocar uma dívida mais cara por uma mais barata); iniciar pelo pagamento das dívidas de maior juros e outras atitudes, como vimos em capítulos anteriores.

Todas essas atitudes são importantes e fundamentais, porque auxiliam no combate de um mal que acomete e provoca insônia em muitas famílias brasileiras, mal esse que as impossibilitam de ter uma vida confortável, formarem patrimônio, realizarem seus maiores sonhos, como uma aposentadoria digna e um futuro próspero ou mesmo um presente menos limitante.

Contudo, todas essas medidas não são suficientes. E por que afirmo isso?

▶ Muito Simples: porque não resolve o problema das dívidas de forma definitiva.

Combater as dívidas apenas as quitando é somente uma ação paliativa, é algo que alivia momentaneamente, mas não é capaz de resolver o problema. É como amenizar o sofrimento do doente com a medicação, mas não curar a enfermidade, e se você possuir algumas dívidas em paralelo (cheque especial, cartão de crédito, empréstimo consignado, financiamento do imóvel e do veículo) que consomem mais de 70% de sua renda líquida mensal, não tenha dúvidas: logo que quitar somente uma, e ver que está com sobra de R$350, você fará outra dívida. Não pensará em eliminar todas as outras pendências restantes, fará rapidamente uma ou duas novas dívidas.

Veja que dei o exemplo de eliminar somente uma dívida, das que estão seguindo em paralelo, porque eliminar todas as pendências financeiras é algo praticamente inimaginável e impossível na mente das pessoas. Será mesmo? Não, não é.

> ▶ E é exatamente disso que trata este tópico, porque ele aborda uma estratégia para acabar de forma definitiva com o ciclo do endividamento, atacando a raiz do problema. Cura a enfermidade, e não seus sintomas; combate o fundamental, e não seus secundários; ataca seu propósito, e não suas consequências; ataca sua existência, e não seus resultados; ataca a raiz, e não seus frutos.

Eliminando o problema pela raiz, a árvore não produzirá frutos de dívidas contínuos durante o mês decorrentes de diversas dívidas seguindo em paralelo. Combatendo seu propósito, as consequências deixam de existir. Essa tática está substanciada numa frase composta de somente cinco palavras, mas cuja execução requer tempo, porque toda mudança de hábito se trata de um processo, e não de algo cujos resultados ocorrem da noite para o dia — embora a ideia surja, sim, num dado momento, mas seus resultados precisam se perpetuar ao longo do tempo.

Não, não estou falando de fórmulas mágicas e mirabolantes. Não estou falando de receitas prontas, mas de algo bem mais profundo, que já foi testado e comprovado na prática pelas pessoas que eu já ajudei a sair do atoleiro das dívidas em que se encontravam, portanto, o método funciona. Se você começar a aplicá-lo em sua vida, mas parar de ter êxito depois de 15, 20 ou 30 dias, não culpe o método. Culpe você: se isto ocorrer, é porque você desistiu no meio do caminho e se você hesitar durante a jornada rumo à libertação das dívidas, o método não tem nada a ver com isso: ele continuará lá, intacto, à sua disposição para ser usado novamente. Se você voltar ao ciclo do endividamento, não há desculpas: foi você mesmo quem enfraqueceu sua mente.

Portanto, esse método não é para mentes frágeis. Você tem que ser resiliente. Então, qual é o método para evitar as dívidas?

Resposta: **alterar seus padrões de comportamento.**

ALTERE SEUS PADRÕES DE COMPORTAMENTO

Somos dirigidos por padrões de comportamento. Está acima do peso? Analise seus padrões de comportamento alimentar.

Ali estarão as respostas. Não consegue caminhar ou subir alguns degraus de escadas sem se sentir cansado? Analise seus padrões de exercícios físicos — ou melhor, sobre a inexistência deles, e ali estarão as respostas. Não consegue passar no concurso público, fica sempre reclamando de má sorte na prova, ou não consegue tirar boas notas na faculdade? Analise seus padrões de dedicação aos estudos, e ali estarão todas as respostas. Em relação a vida financeira é a mesma coisa, por estar enrolado com diversos financiamentos ao mesmo tempo, não consegue sequer criar uma reserva financeira e fica sem entender quando alguém fala sobre o mercado financeiro? Analise seus padrões de comportamento sobre finanças. Ali estarão as respostas.

Se você está no vermelho é porque gasta mais do que ganha. Se gasta mais do que ganha, você gasta com coisas que estão acima do seu padrão financeiro e se você gasta com coisas que estão acima do seu padrão financeiro, é porque tem padrões de comportamento que te direcionam a isso. É necessário detectar os motivos que estão te levando a fazer isso e, uma vez identificados os porquês, você precisa agir para mudar esse comportamento negativo, substituindo-os por comportamentos positivos.

Vamos a um exemplo prático para melhor explicar esse método.

Pedro é um jovem de 27 anos que ganha R$8 mil líquidos mensais. Um excelente salário, não? Mas ele não recebe R$8 mil todo mês. Em sua conta ele recebe R$6.100, pois R$1,9 mil já estão comprometidos com um crédito consignado que é descontado automaticamente de seu pagamento.

A questão ainda é que ele não tem acesso sobre esses R$6,1 mil, pois outros R$1.550 estão comprometidos com o boleto do financiamento veicular de seu HR-V LX zero quilômetro, pago em 60 parcelas mensais — atualmente ele está pagando a parcela nº 24. Restam efetivamente em sua conta, então, R$4.550. Mas acredite se quiser, amigos leitores, quem disse que ele tem acesso sobre esses R$4.550? Ele não tem — na verdade, não pode sequer sacar esse valor todo. Porque ele possui três cartões de crédito, totalizando dívidas que chegam hoje a R$1.750 mensais, por não ter pagado as faturas em dia. Sim, leitores, ele entrou no temeroso rotativo do cartão de crédito e, sobra líquido para ele, na verdade, a quantia de R$2.800 mensais. E estamos falando de um jovem que ganha R$8 mil líquidos. É claro que, com tão pouco dinheiro acessível para gastar (Como assim, pouco dinheiro? Pedro recebe salário de R$8 mil!), ele não tem outra opção a não ser pagar tudo o que pode e o que não pode na maior quantidade possível de parcelas no cartão de crédito, sem contar o acesso frequente a novos empréstimos.

A bola de neve das dívidas é algo difícil de visualizar para as pessoas que são educadas financeiramente, mas é algo aterrorizante quando você se depara com histórias como a de Pedro. Não restam dúvidas de que é necessário um plano de reestruturação urgente nos padrões de consumo dele, mas somente isso não é o suficiente, porque, mesmo que Pedro consiga, após muito sacrifício, liquidar toda ou parte das dívidas, dali a algum tempo ele novamente voltará a fazer outras dívidas... a menos que ele altere seus padrões de comportamento.

Vou recapitular o que disse anteriormente

Se você está no vermelho é porque gasta mais do que ganha. Se você gasta mais do que ganha, você gasta com coisas que estão acima do seu padrão financeiro. E se você gasta com coisas que estão acima do seu padrão financeiro, é porque você tem padrões de comportamento que te direcionam a isso.

Agora, imagine que você tem a oportunidade de conversar com Pedro e está frente a frente com ele. Pedro lhe contará os motivos que o fizeram criar uma bola de neve das dívidas. Ouça o que ele diz, nas palavras dele:

"Adquiri o HR-V LX porque me sentia super inferiorizado quando estacionava na garagem da torre onde moro. Lá, a maioria dos carros na garagem é composto por Jeeps, Duster, JAC T6, e Ford Rangers, de modo que eu me sentia desconfortável quando eu estacionava o meu antigo e modesto EcoSport.

O valor que devo nos cartões de crédito e no empréstimo consignado são decorrentes de gastos que realizo para impressionar as pessoas, então, faço viagens, compro roupas, sapatos, relógios e frequento os melhores restaurantes. Acredito que, para ser bem-visto, tenho que usar roupas de grife e sapatos de luxo e sou sempre bem atendido no shopping pelos vendedores por eu portar um Bulova Curv no meu pulso, e nos finais de semanas sempre procuro impressionar meus colegas de trabalho e amigos, por isso, vamos sempre para as baladas e restaurantes mais caros. Eu sou um amante de vinhos, então, sempre requeiro o melhor vinho da casa, não importa o preço, afinal de contas, se você não aprecia um bom vinho, terá menos oportunidade de impressionar as pessoas.

Quanto às férias, eu não economizo: férias de verão eu aproveito ou para ir a Arraial d'Ajuda, ou para ir ao exterior, Europa ou Estados Unidos, e não me incomodo de pagar um valor maior para viajar na primeira classe. Já nas férias de inverno, eu vou esquiar na Argentina ou no Chile, e sempre procuro hotéis de, no mínimo, quatro estrelas. Acredito que compensa e muito, porque as fotos que posto no Facebook e Instagram e os vídeos que posto no Stories sempre proporcionam boas histórias para contar nos encontros com os amigos e nas baladas de sábado à noite.

Minha situação financeira fugiu um pouco do controle, eu concordo, mas acredito que poderei contorná-la. Ainda não atingi a totalidade do empréstimo consignado e estou muito confiante de conseguir uma promoção na empresa, o que seria suficiente para eliminar uma boa parte das minhas pendências financeiras, já que meu salário teria um aumento de 30%, fora o bônus por desempenho.

Não preciso me preocupar muito com o futuro, pois possuo um PGBL da empresa, em que pago 3,5% a.a de taxa de administração e 3% de taxa de carregamento. Além disso, meu gerente no Itaú Personnalité é excelente, para não dizer extraordinário, porque sempre que preciso ligo para ele aumentar o limite do meu cheque especial; aliás, fiquei tão feliz com a atitude dele, que fiz um seguro de vida de R$350 e um título de capitalização de R$250 mensais em troca desse favor. E vale muito pagar R$83,90 mensais de pacote de serviços, porque a logomarca do banco Personnalité estampada no meu cartão de crédito impressiona os *vendedores e principalmente meus amigos quando vou pagar a conta — afinal, não são todos que podem ter conta nesse segmento do banco".*

Quem é educado financeiramente e jamais precisou recorrer a empréstimos para pagar as contas deve ficar assombrado com o depoimento de Pedro, mas, infelizmente, sabemos que a situação financeira dele reflete a situação financeira de milhões de brasileiros: uma vida inteira marcada por gastar muito mais do que ganha, sem construção de patrimônio e sem nenhuma preocupação em relação ao futuro. As pessoas acreditam que ser bem-sucedido financeiramente significa gastar para impressionar, quando, na verdade, é o contrário que ocorre: a verdadeira riqueza não é o que você gasta, é o que você acumula.

E COMO FAZER PARA ALTERAR PADRÕES DE COMPORTAMENTO?

Refere-se a um processo que envolve basicamente duas etapas. Primeiro, é necessário identificar a origem das dívidas, mas para isso, é primordial ter uma planilha de orçamento mensal[3], um registro das despesas, organizado e agrupado por categorias. Quanto mais detalhado ele for, melhor.

- ▶ É a partir da planilha de orçamento mensal que podemos identificar os "vazamentos" de dinheiro, pois a matemática é infalível: ela apontará para onde seu dinheiro está indo e o que te faz recorrer a credores com suas taxas de juros exorbitantes.
- ▶ Isso parece um tanto quanto óbvio, pois você já utiliza uma planilha de orçamento mensal há muitos anos, e não consegue imaginar como as pessoas, hoje em dia, tão bem instruídas intelectualmente, não conseguem fazê-la?

Seja muito bem-vindo à "maldição do conhecimento", mas como assim? O que isso significa? Muita calma, Chip e Dan Heath explicam esse conceito no livro *Ideias que Colam*:

> Quando possuímos um conhecimento, fica difícil imaginar como é não ter esse conhecimento. Nosso conhecimento nos "amaldiçoou". É muito difícil recriar prontamente o estado de espírito de nossos ouvintes, é tornando-se praticamente impossível desaprender o que já se sabe. Na verdade, há apenas duas formas de combater a "maldição do conhecimento" de forma certa. A primeira é não aprender nada. A segunda é examinar suas ideias e transformá-las.

As pessoas que são financeiramente educadas não conseguem imaginar a existência de casos assim pelo efeito da maldição do conhecimento, quem possui dívidas a perder de vista está contaminado, falamos assim, pelo seu oposto: pela maldição da falta do conhecimento e, na verdade, encontrar pessoas que utilizam uma planilha de orçamento mensal é como procurar agulha no palheiro: uma pequena fração em meio a milhões de pessoas que não sabem fazer o básico. Esse procedimento é de primordial importância, pois permite a você identificar onde está ocorrendo o vazamento de dinheiro. O mapeamento é ponto essencial no processo de eliminação das dívidas.

O segundo passo é o mais desafiador: é o ato de mudar. Muitos até conseguem efetuar a muito custo o primeiro passo (o mapeamento das despesas), mas, quando ficam frente a frente com a realidade das dívidas, a primeira atitude que fazem é recuar, porque não querem admitir a existência do problema — ou a essência do problema, para ser mais exato. Veja o caso de Pedro: ele comprou um veículo zero — algo totalmente incompatível com sua renda e com seu patrimônio financeiro na época — porque ele acreditava que havia uma competição velada na garagem do condomínio onde mora: quando algum vizinho comprava um novo carro, outro logo tratava de adquirir um carro mais caro do que aquele, o que, por sua vez, fazia com que um terceiro morador entrasse nessa "competição" e adquirisse um carro superior ao carro comprado pelo segundo vizinho.

> Pedro envolveu-se em um jogo imaginário, alterando o comportamento dele exclusivamente em função do

comportamento dos outros. Em resumo: ele passou a viver a vida das outras pessoas. Em Filipenses 2:3 está escrito o seguinte: "Não sejam egoístas; não vivam para causar boa impressão aos outros. Sejam humildes, pensando nos outros como sendo melhores do que vocês mesmos."

É exatamente esse padrão de comportamento que Pedro precisa alterar: ele tem que viver a vida nos seus próprios termos (os dele), e não a vida das outras pessoas (de seus vizinhos). Ele tem que ter coragem e determinação para viver a vida fiel ao que ele é, e não a vida que os outros anseiam (ou não) que ele viva, e enquanto ele não alterar esse padrão de comportamento, não conseguirá se livrar das dívidas. Assim que terminar de pagar o financiamento do HR-V LX, alguém duvida que o próximo degrau nessa escalada de dívidas será a compra de um veículo superior e muito mais caro?

Se você que está lendo este livro pode estar endividado e quer de fato eliminar as dívidas cortando-as pela raiz, devo adverti-lo: esta trajetória será desafiadora. Não será fácil. Será sinuosa e penosa, mas é absolutamente possível de ser alcançada, desde que você trabalhe intensamente sua mente, a fim de fortificá-la contra os males dessa sociedade que quer controlar sua mentalidade. É muito desafiador alterar padrões de comportamento, porque, muitas vezes, isso implica na alteração de sua própria identidade, e várias pessoas não estão dispostas a levar adiante esse desafio.

> ▶ Veja o caso de Pedro. Grande parte de suas dívidas tem origem nos gastos excessivos com sapatos, roupas, relógios, vinhos e restaurantes, e ele faz isso com a única finalidade de impressionar as pessoas com suas extravagâncias, com seus símbolos de status e com seus objetos de valor. Ele tem uma forte necessidade de aprovação social.

Agora, imagine você falando para o Pedro que ele precisa alterar esses padrões de comportamento. Qual será a resposta dele? Ele lutará contra às mudanças, pois o desejo de aprovação faz parte de sua própria identidade: ele tem uma grande necessidade de ser reconhecido pelas pessoas ao seu redor como bem-sucedido, não pelas conquistas pessoais e profissionais, mas sim pelos símbolos de status que ele possui.

Dizer-lhe que é necessário alterar seus padrões de comportamento é como tocar em sua própria identidade, algo que para ele é inaceitável, mesmo que essa identidade tenha se formado por meio de dívidas e acumulação de passivos, ou seja, sobre bases totalmente inconsistentes e equivocadas e daí decorre outra dificuldade que faz com que as pessoas endividadas, como Pedro, efetuem ainda mais gastos, ao invés de priorizarem os cortes de gastos: porque alterar padrões de comportamento atinge seu emocional. Atinge suas emoções.

Imagine você conversando com Pedro e dizendo que seu estilo de vida é insustentável, que ele precisa urgente voltar a fazer viagens mais simples, na classe econômica (ou mesmo nem viajar, que ele deve procurar outras formas de lazer mais baratas), porque os gastos nesta categoria do orçamento doméstico estão muito além do que sua renda atual pode suportar. O que ele dirá?[1]

Que só se vive uma vez e que se ele não fizer nada agora, no futuro, arrepender-se-á amargamente das coisas que deixou de fazer; que ele tem uma linha de crédito pré-aprovada para bancar essas despesas; que faz um bem absurdo ao ego dele ficar contando aos amigos as histórias das viagens. Em resumo: ostentação em sua forma mais pura e cristalina.

Pedro está cego em sua capacidade de visualizar a longo prazo as implicações do estilo de vida que ele não tem condições de custear, ou melhor, que é bancado por meio de dívidas e mais dívidas. Ele já disse que vai ter a possibilidade de quitar uma parte das dívidas com um provável aumento salarial. Se esse aumento realmente vier, ele vai prosseguir no círculo vicioso das dívidas, porque parar de ser uma pessoa que ostenta exigiria alterar sua própria identidade, e ele prefere viver esta verdadeira corrida dos ratos a mover um neurônio sequer em sua forma de pensar.

---

[1] Faça o download da planilha de orçamento mensal no site ead.li/ferramentas

E quantas pessoas você conhece que agem exatamente como Pedro — ou até pior? Quantas pessoas conseguiriam dar uma verdadeira guinada em suas vidas financeiras se cumprissem esses dois simples passos — (a) identificar seus padrões de comportamento e (b) alterar seus padrões de comportamento?

▶▶▶▶▶▶

Acabar com as dívidas de uma vez por todas alterando seus padrões de comportamento é, sim, o método mais poderoso que existe. Por que falo isso? Porque ele tem o poder de alterar suas crenças em relação ao dinheiro e esse é apenas uma recurso, um meio, um instrumento, que potencializa o que você já é. Se você sempre foi uma pessoa solidária e ama fazer doações, acredita que o dinheiro, neste contexto, é um recurso para melhorar a vida de outras pessoas, quanto mais dinheiro você tiver, mais vidas você será capaz de ajudar. Em outras palavras, se você já é solidário, com mais dinheiro, você será ainda mais solidário. Se você é uma pessoa que tem a necessidade de aprovação social, que consome símbolos de status — roupas, sapatos, perfumes e celulares — com esse objetivo, quanto mais dinheiro você tiver, mais símbolos de status você consumirá e gastará. O dinheiro só potencializa o que você já é, ele potencializa e aumenta suas características pessoais, por isso, se você é individualista, mais dinheiro o tornará ainda mais individualista, e se você gosta de ostentar, mais dinheiro o deixará uma pessoa ainda mais intolerável. As mudanças de mentalidade ocorrem de dentro para fora e não de fora para dentro.

O que fazer, então, quando se gasta muito além do que se ganha, acumulando dívidas consideradas impagáveis? É você alterar suas crenças e modificar a si mesmo, de dentro para fora, porque mais ou menos dinheiro não vai alterar quem você é, porém, ter outros padrões de comportamento irá, sim, alterar quem você é. Dinheiro é apenas um meio, é o objeto, é uma ferramenta, e não o sujeito principal dessa história toda. As mudanças dos valores em reais (dívidas a perder de vista) somente ocorrem, num nível mais significativo, quando acontecem as mudanças das nossas crenças, dos nossos valores reais. Quando as mudanças ocorrem no sujeito. A aprovação social é uma ilusão e viver a vida dos outros é como correr atrás do vento. Participar de um jogo que habita apenas na sua mente é viver uma fantasia.

> *"...Cuidado! Não andem sempre querendo o que vocês não têm. Porque o valor da vida que alguém tem não depende da quantidade de bens que possui."*
>
> *Lucas 12:15*

A partir do momento que você decide alterar seus padrões de comportamento, você passa a visualizar a vida com outras lentes e aqueles gastos supérfluos, muito além de sua capacidade financeira, passam a não fazer mais sentido.

- ▶ Você passa a viver única e exclusivamente para você, deixando de ser mais uma marionete à disposição no mercado de consumo.
- ▶ Você deixa de ser a carta do baralho do dinheiro, manuseada desse mercado: você próprio é quem comanda as cartas nesse baralho.

Procedendo assim, as dívidas, os gastos acima de sua renda, os passivos supérfluos e inúteis, diminuirão com o transcorrer do tempo, pois o próprio sentido dos gastos perde gradativamente sua própria razão de existir. E o que é melhor: de maneira duradoura, pois você combaterá a raiz de todos os males: as suas crenças limitantes a sua conduta errática em relação ao uso do dinheiro.

Como eu havia dito, não é uma tarefa fácil, é uma tarefa desafiadora, pois alterar sua identidade mexe com seu emocional, modificar seus valores não é tarefa fácil, porém, é uma atividade passível de conquista. Então, para te apoiar neste processo, vou apresentar agora como você pode alterar seus hábitos pessoais e financeiros para viver longe do endividamento para sempre.

> NÃO DÁ PARA MUDAR O PASSADO, MAS PODEMOS CONSTRUIR O FUTURO QUE DESEJAMOS ALTERANDO NOSSOS HÁBITOS NO PRESENTE.

COMO ALTERAR SEUS HÁBITOS

Se você gasta mais do que ganha, na grande maioria das vezes, esse problema está relacionado aos hábitos financeiros. Alguns procuram utilizar um meio de organizar as contas por algum tempo, através de uma planilha de orçamento mensal ou mesmo anotando em um caderno ou agenda, porém, esse procedimento dura alguns dias ou semanas, e logo o caderno ou planilha financeira são esquecidos. Então culpam o baixo salário pela falta de dinheiro no fim do mês, assim como seu emprego, o governo, por não conseguir manter seu orçamento em ordem, por isso, a importância de mudar seus hábitos pessoais e financeiros.

Esse processo não é fácil para a maioria das pessoas, contudo, os benefícios colhidos serão muito maiores do que os sacrifícios realizados. Muitas vezes, é mais difícil do que aprender sobre o funcionamento do mercado financeiro, sobre investimentos, taxas de juros, financiamento e outros. Alterar uma rotina exige muita disciplina! E se fosse fácil, não haveria tantas pessoas fazendo promessas na virada de ano, sendo muitas delas não cumpridas. Os dias estão cada vez mais repletos de atividades e quase todas são ações que se repetem diariamente e há anos: acordar, tomar banho, comer, se vestir etc. Portanto, há um padrão no comportamento e isso acaba determinando as ações cotidianas das pessoas.

Os hábitos são comportamentos assimilados a partir da repetição de uma ação, criando um processo de aprendizado através da internalização do conceito. Assim, com o tempo, você "para de pensar" e essas ações que são repetidas tornam-se automáticas e inconscientes.

Conforme alguns especialistas, os hábitos emergem porque o cérebro está sempre buscando formas de poupar esforço! Então... Pense sempre! Apesar de não guardar lembrança de muitos deles, você passou por diversos processos de aprendizado (comer, andar, falar, dirigir etc.).

Início do processo

No começo de qualquer novo processo, você precisa de muita concentração para conseguir ter o resultado almejado e com o passar do tempo, o aprendizado se torna conhecido e o conceito fica internalizado. Quando um comportamento que antes era novo e exigia muito esforço é incorporado, torna-se um hábito (automático), então o cérebro fica livre para observar e pensar em outras coisas, deixando espaço para o novo.

De novo, de novo e de novo! O poder da repetição. Muitos hábitos são criados de forma consciente pelas próprias pessoas para que se sintam bem e proporcionem a si mesmas a sensação de bem-estar, porém, outros precisam tomar a atitude para mudar o que está ruim, como, por exemplo, fazer muitas dívidas ou simplesmente não conseguir poupar.

Excesso de gastos não faz bem, uma vez que pode chegar o momento em que lhe falte crédito e fique muito difícil sair da situação de endividamento e, não guardar nada pode ser encarado como um descuido com seu futuro. Mesmo que você não esteja devendo, ter um pé de meia torna-se cada vez mais imprescindível para não depender de aposentadoria do governo, e para mudar isso, você deve estar atento(a) ao que está fazendo e, se for necessário, adquirir novos comportamentos. Caso contrário, a repetição se manterá, o que não é saudável para a vida financeira.

Você já parou para pensar em mudar seus hábitos pessoais e financeiros? Quais são as atividades que você repete constantemente? Você faz isso por opção ou se sente sem escolha? Essas perguntas o ajudarão a perceber as suas ações, mas será que seus comportamentos te prejudicam, e até mesmo lhe fazem mal? Será que suas ações estão te impedindo de eliminar suas dívidas?

COMO MUDAR HÁBITOS PESSOAIS

No livro *O Poder do H*ábito, o autor Charles Duhigg explicou como conseguiu parar com o hábito de consumir *cookies* no meio do dia de trabalho ao compreender realmente o que o levava diariamente a uma cafeteria para comê-los. O autor concluiu que as visitas diárias feitas ao estabelecimento ocorriam devido à necessidade de socialização. O autor refez o hábito levantando-se em um horário determinado para conversar com alguém por alguns minutos. A prática é um dos segredos para a mudança.

A partir dessa descoberta, Duhigg chegou à conclusão sobre o "Loop do Hábito", que é a forma como um hábito se insere e funciona: **Deixa, Rotina e Recompensa.** Começa com uma Deixa: estímulo que manda o cérebro entrar em modo automático e indica qual hábito deve ser usado. Leva a uma Rotina: que é a forma como executamos a deixa para chegar à Recompensa: que ajuda o cérebro a saber se vale à pena memorizar este Loop para o futuro.

O autor nos explica como o Loop funciona através de casos como da Procter & Gamble, empresa que transformou um aromatizador em um negócio de um bilhão de dólares, somente prestando atenção nos hábitos dos consumidores. O autor apresentou também o exemplo dos Alcoólicos Anônimos, que mudaram suas vidas atacando hábitos nocivos e se apegando em hábitos que os ajudam a livrar-se do vício.

COMO MUDAR HÁBITOS FINANCEIROS

Para mudar hábitos financeiros, você deve estabelecer suas metas, verificar quais são as suas prioridades na vida e a partir desse momento, todos os esforços estarão voltados para a conquista de seus objetivos.

O dinheiro será utilizado como um instrumento para a realização de seus sonhos. Neste processo, você não sofrerá a influência do consumo, como o sofrido pelo Pedro, e terá uma maior liberdade de escolha. Com isso, você fará o uso inteligente e consciente do dinheiro, economizará para fazer o que você realmente gosta e não economizar simplesmente por economizar.

Caso esteja interessado e seja necessário a compra de um carro, todos os esforços devem ser direcionados para a sua aquisição, e se você tiver dúvida sobre a aquisição de algum outro produto ou serviço, você poderá fazer a seguinte pergunta: Se eu comprar este produto ou serviço, estarei mais longe ou mais próximo de meu objetivo?

> ▶ Perceba que essa pergunta fará com que você fique com o foco sempre na realização de seus sonhos, pois foi você que definiu essa aquisição e não as pessoas ao seu redor, então, defina quais são seus objetivos e sempre questione se a aquisição de outro produto, naquele momento, o deixará mais próximo de seus sonhos.

Esse exemplo também serve para o caso de você estar endividado. Todos os esforços devem ser direcionados para eliminar as dívidas. Mesmo que momentaneamente, elimine produtos e serviços de seu orçamento, fazendo sobrar mais dinheiro para sair do vermelho e após quitar suas dívidas, verifique se os produtos e serviços eliminados são necessários para satisfazer a sua felicidade e se estão voltados para a realização de seus sonhos.

AFINAL, É POSSÍVEL MUDAR HÁBITOS PESSOAIS E FINANCEIROS?

Sim! Para mudar hábitos pessoais e financeiros é preciso que você esteja disposto e comprometido(a) a alterar um comportamento seu, e tenha em mente qual a nova ação que substituirá o comportamento antigo e quais resultados você espera daqui para a frente. Não esquecendo que é importante que você analise bem a sua atual situação antes de tomar uma atitude radical de mudança, sem preparação ou estratégia. Esse tipo de ação desorganizada é tão ruim e nociva quanto um mau hábito.

A mudança de hábito pode ser feita em etapas, que podem ser divididas em perguntas:

1. Tomada de consciência em relação ao problema: o que você quer mudar?
2. Quando foi o início desse tipo de comportamento?
3. Qual a sua recompensa ao realizá-lo? (Ganhos).
4. Quais são as perdas por conta da repetição, tipo de mau hábito?

Depois de refletir sobre o histórico dos hábitos que você pretender extinguir, é o momento de pensar no plano de ação para a mudança e criação de um novo repertório de comportamentos que mais tarde se tornarão automáticos.

PLANO DE AÇÃO PARA MUDAR HÁBITOS PESSOAIS E FINANCEIROS

- ▶ Comece devagar, assim você evita que o processo se torne estressante e cansativo. Escolha um comportamento de cada vez, então adquira e assimile o novo hábito de forma gradual. O truque é começar com algo pequeno e simples, que não lhe cause desconforto e mude devagar, porém, mais importante que a velocidade é a direção e o ritmo mantidos.
- ▶ Determine um objetivo bem claro. Quanto mais específico você for no que deseja mudar, maior a oportunidade de sucesso duradouro.
- ▶ Motive a si próprio: crie estímulos que lhe motivem ao longo de seu processo de mudança. Seja um bom treinador (coach) de si mesmo.
- ▶ Busque bons exemplos! Então, observe as pessoas que estão à sua volta que já sabem desenvolver o que você está buscando alcançar. Aprenda muito com essas pessoas, afinal, pessoas de sucesso têm comportamentos que você deseja ter um dia e também são pessoas de atitude. Aprenda a olhar

com atenção o modo como fazem suas escolhas e agem diante da vida.

Outro plano de ação que indico para você é conhecer o curso Mudanças de Hábitos Financeiros, do Prof. Elisson de Andrade. É o melhor curso sobre mudanças de hábitos financeiros disponível no mercado. Você pode acessar o curso através do seguinte link ead.li/curso-mudar-habitos.

Mudar um comportamento não é fácil e muito menos rápido. Hoje em dia, as pessoas querem receitas milagrosas para enriquecer, dietas mirabolantes e soluções mágicas! Mas essas conquistas acabam logo! Para construir algo que valha a pena e seja duradouro, leva tempo. Por isso, é necessário trabalhar e vai demorar, mas os resultados são incríveis.

Então, crie objetivos de curto, médio e longo prazo, para estabelecer o que é prioridade e o que cabe no orçamento. São esses objetivos que lhe darão forças para eliminar as dívidas o quanto antes.

Se o seu sonho é a aquisição da casa própria, você cria uma meta para poupar um valor mensal para comprar a moradia dos seus sonhos. Se o seu sonho é viajar pelo Brasil, você começa a planejar quando e para onde será sua viagem, separa uma verba mensal e estará cada vez mais próximo de sua realização, logo, mudar hábitos pessoais e financeiros te deixará mais próximo do que nunca da realização de seus maiores sonhos, e se você não alterar seu comportamento, entrará no grupo das pessoas que só sabem reclamar, então, é muito melhor entrar no grupo das pessoas que agem.

Veja os dois exemplos dos grupos, identifique em qual grupo você está neste momento e a qual o grupo almeja pertencer.

GRUPO DA RECLAMAÇÃO

As pessoas desse grupo vivem a famosa e prolongada "fase da reclamação". No emprego, reclamam com seus colegas de trabalho que mereciam ganhar mais. Com isso, ganham apoiadores para a sua tese de que todos os seus problemas financeiros e pessoais estão relacionados ao baixo salário que recebe nessa empresa, porém, nessa mesma empresa, há um colega na equipe que possui sua vida financeira equilibrada, mesmo ganhando menos do que seu colega que vive reclamando. Muitas vezes, esse colega escutou as queixas e se propôs a ajudar seus companheiros que passavam por situações financeiras difíceis, mas, seus colegas não davam atenção, além disso, o chamavam de sovina, mão de vaca, muquirana, pão-duro, entre outros nomes possíveis e inimagináveis. Todos recusavam sua ajuda, mas ele nunca desistia de divulgar sobre a importância da educação financeira. Essa história pode ter alguma similaridade com a sua vida, você pode ter encontrado neste grupo os motivos para o seu endividamento excessivo.

"E não se queixem, como alguns deles se queixaram, pois estes foram mortos pelo anjo destruidor."

1 Coríntios 10:10

GRUPO DA AÇÃO

Neste grupo, você vai dar andamento à ação que deve realizar priorizando o que é mais importante.

- ▶ Por isso a importância de manter o foco e a disciplina para eliminar as suas dívidas atuais. Pois, caso tenha que fazer alguma dívida para alcançar seus objetivos, as dívidas anteriores com as dívidas novas poderão se transformar em bola de neve e se tornar impagáveis.

Continuando o exemplo anterior, um dos colegas, cansado de viver endividado, interessou-se e aceitou o apoio para equilibrar seu orçamento. Ele tinha todas as habilidades necessárias, o que faltava era um único detalhe: **O Método certo.** Seguindo o passo a passo proposto, em algumas semanas ele pôde ver uma luz ao fim do túnel, logo, foi taxado pelo grupo da reclamação de ter tido sorte, ou porque não tinha carro, ou porque não tinha filhos etc., etc., etc.

COMO TER O CONTROLE DE SUA VIDA PESSOAL E FINANCEIRA

Ter o controle de sua vida pessoal e financeira é o desejo de muitas pessoas que vivem à mercê dos acontecimentos. Grande parte das nossas vidas é dominada por eventos que são consequências de decisões alheias e consequências de tudo o que fazemos. Decisões importantes podem acarretar muita pressão e podem te paralisar, inclusive, o medo das consequências que essas decisões podem ocasionar é um dos principais fatores. Outro fator determinante é o estado de vitimização.

Vitimização

A vitimização acontece quando você se coloca no papel de vítima ou perseguido(a) para anular críticas, opiniões ou objeções contra as quais não consegue contra-argumentar. As pessoas que sofrem de vitimização estão sempre colocando a "culpa" de seus problemas no governo, em sua família, na economia ou até mesmo na sorte!

- Certo dia, eu estava chegando na academia e presenciei a conversa de duas pessoas sobre a nova fórmula aprovada pelo governo em relação à aposentadoria. As duas pessoas estavam inconformadas com as decisões tomadas pelo governo, porque alegavam que teriam que trabalhar mais para poder alcançar a tão sonhada aposentadoria.
- Umas delas era funcionária pública e disse: "eu não sei mais o que fazer para que o governo deixe que eu me aposente". Segundo as informações que ela estava apresentando, faltava somente um ano e meio para que pudesse se aposentar e as mudanças do governo não afetariam em nada a sua vida.
- Cheguei a esse cálculo porque trabalhei por 10 anos como funcionário público exercendo a função de encarregado de equipe, o mesmo que encarregado de Recursos Humanos no setor privado.

Para sair desta fase de vitimização, você deve fazer as seguintes perguntas:

Reflexão:

1. O que o impede hoje de ter a vida que você deseja?
2. Quais são os planos e ações que você tem para colocar em prática?
3. Você conhece alguma pessoa que teve sucesso em sua área de atuação?
4. O que ela fez para chegar lá?
5. Você consegue replicar esse mesmo caminho?
6. Se não for possível, qual outro caminho você pode seguir?

▶ **NÃO SE TORNE VÍTIMA DAS CIRCUNSTÂNCIAS, MAS SIM AUTOR DE SUA PRÓPRIA HISTÓRIA**

Disciplina é Liberdade

Para ter o controle de sua vida pessoal e financeira, requer no mínimo esforço e dedicação e pode ser até difícil no início, contudo, não quer dizer que seja impossível, independentemente de sua situação. Um dos maiores problemas que podemos verificar é a falta de disciplina. Quando resolvi adotar o uso da planilha financeira para organizar meu orçamento, não foi tão fácil no início.

Algumas vezes, protelava para efetuar as anotações, o que se tornava pior, porque depois todas as anotações deveriam ser efetuadas, o que levava bastante tempo. Somente depois de passar por alguns problemas financeiros é que passei a utilizar a planilha regularmente todos os meses e, graças a essa atitude, pude organizar minhas despesas e ter uma visão real sobre onde estava gastando meu dinheiro. O mais importante nesse caso, quando necessário, era saber exatamente o que cortar para não ficar sem dinheiro antes do final do mês, assim coloquei em prática o uso planejado e inteligente do dinheiro.

Em relação à vida pessoal, foi a mesma coisa. Só iniciei as atividades físicas quando meus problemas causados devido aos anos de digitação começaram a afetar minha saúde e consequentemente minha produção. Então, preocupado com a situação, saí a procura de um especialista para resolver o meu problema e as opiniões foram diversas: um disse que eu não poderia mais trabalhar com digitação e outro disse que se eu fizesse fortalecimento muscular, teria minha vida de volta. Como não queria ser vítima de minhas atitudes passadas, resolvi frequentar a academia para fortalecimento, e hoje vejo que tomei a melhor decisão, portanto, não fique sujeito aos acontecimentos da vida, veja algumas atitudes que você pode realizar hoje mesmo.

MUDE SEUS HÁBITOS HOJE MESMO

Insisto neste assunto porque ele é muito importante. Mudar seus hábitos pessoais e financeiros, como informado anteriormente, requer muita disciplina. Se fosse assim tão fácil, não haveria diversas pessoas fazendo promessas de iniciar tudo na segunda-feira. Os dias parecem que estão com menos horas e mais atividades para concluir, mas continuam com as mesmas vinte e quatro horas para todos. Grande parte de nossas ações são repetidas diariamente e, assim, há um padrão no comportamento, e isso acaba determinando nosso cotidiano.

- Os hábitos são comportamentos assimilados por meio da repetição de uma ação, criando-se, assim, processo de aprendizado incorporado em nossas vidas. O começo de qualquer novo processo requer muita concentração para conseguir ter o objetivo almejado.

Com o passar do tempo, o aprendizado se torna conhecido e o conceito fica incorporado. Quando um comportamento que antes era novo e exigia muito esforço é incorporado, torna-se um hábito (automático), então o cérebro fica livre para observar e pensar em outras coisas, deixando espaço para o novo e por meio do poder da repetição, muitas rotinas são criadas de forma consciente pelas próprias pessoas para que se sintam bem e proporcionem a si mesmas a sensação de bem-estar. Quantas pessoas efetuam a matrícula na academia e frequentam somente por um período breve e não sequencial. Para que esse comportamento seja incorporado em seu dia a dia, é necessária muita disciplina no início e ser assíduo, porque é muito importante essa fase inicial para a incorporação do hábito.

Sobre as finanças pessoais, é importante tomar atitude para mudar o que está ruim, como, por exemplo, fazer muitas dívidas ou simplesmente não conseguir poupar. O excesso de gastos não faz bem, uma vez que pode chegar o momento em que lhe falte crédito e fique muito difícil sair da situação de endividamento, por isso não guardar nada pode ser encarado como um descuido com seu futuro, pois ainda que você não esteja devendo, ter um pé de meia se torna cada vez mais imprescindível para não depender de aposentadoria do governo.

Então, crie o compromisso de poupar pelo menos 10%[3] de sua renda todos os meses, e assim você criará um hábito saudável para sua vida no presente, e a constituição de um patrimônio para o seu futuro. Se você estiver concentrado na leitura, percebeu que este último tópico foi muito semelhante ao do início do capítulo. Não foi mera coincidência, os hábitos são assimilados por meio da repetição.

Você pode contratar um coach

O coach é um profissional que apoia as pessoas na definição e conquista de seus objetivos. Por meio de metodologias, técnicas e ferramentas do coaching, o coach (treinador) auxilia nas conquistas das metas dos coachee (clientes).

Você pode utilizar a regra 70/10/20 que foi explicada no Capítulo 3

Em resumo, o coaching é um treinamento para desenvolver o autoconhecimento e apoiar em um processo de mudanças comportamentais. Coaches lidam com soluções, e não com problemas. Coaching envolve mudança, envolve aprendizado, envolve pessoas e, muitas vezes, você não sabe onde quer chegar, não sabe quais são seus objetivos e missão de vida.

> ▶ É nessa hora que você pode recorrer a um coach. Pois o profissional é capaz de auxiliar em sua vida pessoal e financeira, seja qual for o objetivo que você deseja realizar. Não importa se você acredita que não possui o comportamento ou habilidade para conquistar suas metas, mesmo que por falta de uma educação especializada, ambiente em que vive ou mesmo pela atuação de seus pais ou familiares.

Todas essas possíveis faltas de competências não significam que você não possa desenvolver habilidades, por isso a importância do coach para auxiliá-lo nas realizações de seus sonhos, portanto, ter o controle de sua vida pessoal e financeira não é fácil e muito menos rápido. Para construir algo que valha a pena e seja duradouro leva tempo, por isso é necessário disciplina e o desejo de mudança. Tenho certeza de que os resultados serão incríveis. E caso haja necessidade, você pode contar com profissionais e especialistas que te apoiarão na conquista de seus objetivos.

▶▶▶▶▶▶

No próximo capítulo, você vai entender a importância da reflexão e definição dos objetivos, e o que eles podem proporcionar na vida de uma pessoa.

7

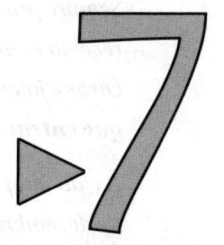

RESERVA FINANCEIRA:
APRENDA SOBRE
A SUA IMPORTÂNCIA

Iniciarei este capítulo com um exemplo de superação e resiliência. Neste exemplo, Rosa Oliveira enfrentou muitas adversidades na vida, porém, devido à disciplina de poupar para constituir uma reserva financeira e muita determinação para conquistar seus objetivos, enfrentou os problemas sem esmorecer, buscando sempre realizar seus maiores sonhos.

Meu nome é Rosa Oliveira, tenho 35 anos e sempre gostei de buscar novas oportunidades de crescer na vida. Pensando nisso, mudei da cidade de Pinheiro, Maranhão, para a capital, São Luís, também MA. Tive que deixar meu único filho, na época com 3 anos, para estudar e lhe proporcionar uma qualidade de vida melhor e sofri muito. Sempre tive e gostei de economizar, mesmo pouco.

Nesse período comecei a trabalhar e morar de aluguel, iniciando o curso de enfermagem, algo que amo muito. Eu mandava dinheiro e visitava meu filho sempre que podia. Abri uma poupança para ter como buscá-lo, e no fim de 2009, consegui, graças a Deus, sair do aluguel.

Sempre procurei me pagar primeiro, no mínimo 10% do que recebia ia direto para a poupança, com isso renunciei às roupas caras e joias, busquei algo melhor e bem mais em conta. **Tudo que entrava a mais ia direto para a reserva financeira.**

A vida nos prega surpresas e nem sempre são boas. No dia 27 de dezembro de 2014 recebo uma triste ligação, avisando que meu irmão mais velho sofreu um acidente elétrico e faleceu aos 34 anos. Meu chão sumiu e viajei para outra cidade. Nesta época não tinha mais passagens (fim de ano), então, retirei o dinheiro do fundo financeiro para alugar e abastecer um carro, foram 7 horas de viagem.

Depois de tudo, voltei e passei uma semana lá, minha mãe precisava de mim. Eu consegui tudo isso porque me programei para algo que nem imaginava. O tempo passou, voltei a guardar bem menos, porque adquiri alguns débitos.

Não utilizo cartões, prefiro pagar à vista e assim consigo bons descontos. Quase 11 meses depois, perco mais uma pessoa, meu avô falece aos 91 anos bem vividos; ele foi para mim um pai, pois me criou desde pequena, e mesmo com tantos contratempos, sempre gostei de fazer uma reserva. Eu recebia pouco mais de um salário mínimo e conseguia quitar os débitos, porém, um mês depois da perda do meu avô, fui diagnosticada com neoplasia mamária maligna (câncer de mama) aos 34 anos, um choque. De repente, me vi correndo contra o tempo para fazer exames, biópsias e consultas e não foram poucos. Alguns exames custavam mais de R$300 reais, fora as biópsias, porém, sempre tive o costume de pesquisar, fui procurando onde estava mais em conta, fui a dois lugares e cada biópsia custava R$850 reais, e eu precisava de duas. Imagina para quem recebia menos de R$1000 reais.

Alguns exames são oferecidos pelo SUS, porém, a demora me fez optar por fazer o exame na rede particular. Retirei todo o dinheiro que tinha colocado na poupança, inclusive a reserva para o meu filho. Nesse período, recebi ajuda de algumas pessoas e dos meus patrões que me foram de grande auxílio, pois trabalhava como babá. E o retorno de toda dedicação que sempre tive com o filho deles valeu a pena, porque pagaram a maior parte dos exames e, assim, iniciei o tratamento com quimioterapia no dia 23 de novembro de 2017. Fiz oito sessões, uma a cada 21 dias, e por duas vezes estive internada por causa da imunidade baixa. Desde março estou recebendo pelo INSS o auxílio doença, ou seja, recebo apenas um salário mínimo. Fiz uma mastectomia (retirada da mama) no dia 12 de junho de 2019 com reconstrução mamária.

Comecei novamente a reserva financeira e, graças a Deus, estou conseguindo guardar 10% do que recebo. Fácil não é, mas quando se tem um objetivo, tudo se torna melhor, e com minhas economias já consegui viajar com meu filho Davi, que tem 12 anos, e com meu marido, Júlio César, que trabalha como pedreiro e pintor autônomo. E nessa crise, ora tem serviço, ora não.

O tratamento ainda continua e farei mais 26 sessões de radioterapia. Tudo é possível quando temos objetivos, e agora estou guardando por dois objetivos: o primeiro é para viajar com a família e o segundo para reformar minha casa. Tenho planilhas de gastos que me ajudam muito, até meu filho aprendeu a economizar, por isso, qualquer pessoa é capaz de se programar e alcançar seus objetivos.

▶ Prosperar é uma questão de escolha.

A reserva financeira, como você pode perceber no relato da Rosa Oliveira, é fundamental para que você efetue a travessia rumo aos seus objetivos sem muitos percalços. E para criar essa reserva é necessário tempo, dedicação e, principalmente, objetivos claros e realistas; o esforço despendido para criá-la será recompensador no final.

Mesmo que façamos um planejamento impecável, em nosso caminho sempre aparecerão algumas situações convenientes e adversas, por isso, é praticamente improvável prever todos os gastos extraordinários. Sem uma reserva, você está à mercê dos acontecimentos, pois adversidades podem acontecer na vida de qualquer pessoa e tanto os problemas quanto as oportunidades sempre aparecem, só não sabemos quando e o que acontecerá.

Imagine que aconteceu um imprevisto na sua vida: você perdeu o emprego. Este imprevisto fez você perder a sua renda mensal. Sem uma reserva financeira, você é obrigado a recorrer e se sujeitar aos altos juros dos empréstimos bancários. Agora, com uma reserva, você atravessará essa adversidade com mais tranquilidade, pois utilizará esse colchão para os gastos mensais, até conquistar outro emprego, e poderá até escolher o emprego que desejar por conta da tranquilidade imposta pela sua reserva de oportunidade.

PROBLEMAS OCASIONADOS PELA FALTA DE RESERVA FINANCEIRA

A falta de uma reserva financeira aumenta muito a probabilidade de endividamento, que, por sua vez, traz as seguintes consequências:

- ▶ A perda do emprego faz você ficar um período de tempo sem entradas em seu orçamento e somente com saídas. Nessa hora, o colchão financeiro será fundamental para atravessar as águas turbulentas.
- ▶ Outra circunstância inesperada é o provedor do ordenado passar por um problema de saúde, e assim perder uma parte da receita ou mesmo toda a sua renda, porque, além de não poder colaborar com seu salário, ele(a) terá que despender algumas somas para passar pelo tratamento necessário e sabemos que o custo para manter a saúde em dia não é nada baixo.

Ao contrário dos gastos que efetuamos com alguns bens de consumo ou serviço, que podem ser cortados ou postergados até que você tenha condições financeiras para arcar com eles, os gastos emergenciais não podem esperar, e muitas vezes acabam complicando ainda mais a sua situação financeira. Temos diversas outras situações adversas que podemos encontrar pelo meio do caminho quando desejamos atingir algum objetivo, portanto, a reserva financeira será fundamental para que possamos fazer esta travessia com segurança e tranquilidade.

QUAL DEVE SER O VALOR DA RESERVA FINANCEIRA

Independentemente de sua situação, um colchão financeiro deve ser prioridade em seu orçamento. É evidente que você não deve começar a sua formação se possuir alguma pendência financeira para ser quitada, portanto, assim que você quitar suas dívidas e sair do vermelho, é fundamental começar a formação da reserva de emergência e de oportunidade. A verdade é que para fazer frente a este tipo de adversidade é preciso se planejar, construindo antes de assumir qualquer dívida uma reserva financeira, caso contrário, tão logo você elimine suas pendências financeiras, você terá grande possibilidade de voltar para o vermelho ou ter que recorrer a algum empréstimo bancário, o que certamente são opções menos benéficas.

> Hoje, por quanto tempo você consegue manter o seu padrão de vida, caso perca o emprego ou ocorra alguma outra situação adversa? A pergunta que surge é: quanto exatamente separar para este tipo de emergência?

Uma regrinha básica das finanças pessoais é que devemos ter um fundo financeiro que atenda os nossos gastos e algumas despesas imprevistas. Não existe um valor de referência para todos, afinal, a resposta a esta pergunta está diretamente relacionada ao padrão de vida de cada um e o quanto cada pessoa gasta mensalmente. Recomendo que seu fundo tenha o equivalente de seis a doze meses de despesas correntes. Logo, se os seus gastos mensais correntes são de cerca de R$1.000, o seu colchão financeiro deve ser entre R$6 mil e R$12 mil.

É IMPORTANTE CONHECER O SEU ORÇAMENTO

É muito comum ouvir pessoas comentarem que nunca sobra dinheiro no final do mês, e por isso não conseguem destinar um valor para criar seu colchão financeiro, porém, essa conduta reflete o fato de que as pessoas tendem a gastar seu dinheiro com itens que não agregam valor à sua vida, consumindo produtos e serviços supérfluos, que não as deixam próximas de seus sonhos.

> ▶ Elas trocam os seus sonhos e objetivos de longo prazo pelo prazer imediato de ter um bem de consumo, e trocam pelo simples prazer de apresentar o seu novo item às pessoas ao seu redor. É fundamental não cair nesta armadilha do consumo imediato. Adquira somente itens que realmente deseja e que esteja de acordo com seus objetivos.

Para criar seu colchão financeiro, mapeie e monitore seu orçamento e estabeleça como meta poupar pelo menos 10% do que ganha todos os meses. No início pode não ser possível separar esse valor, então, você pode estipular um valor menor, ou mesmo estipular alguns cortes em seu orçamento, porém, não é difícil localizar em seu orçamento produtos ou serviços que não estejam de acordo com seus sonhos. Visualize os itens que podem ser facilmente eliminados gerando um excedente para poupar. À proporção que se sentir confortável com o seu orçamento mensal, você determinará valores maiores, sempre respeitando a sua qualidade de vida.

NEM TODO DESEJO PRECISA SE TORNAR REALIDADE

Nem tudo que você deseja é estritamente necessário. Quando você adquire itens supérfluos, muitas vezes você está sabotando a sua reserva financeira criando todo tipo de justificativa para que seus desejos se tornem necessidades. Para evitar a aquisição de tais itens e aumentar o seu poder de criação deste fundo, imagine que você trocou de emprego e passou a ganhar menos, que agora tem que viver com um valor menor do que sua renda anterior.

Por meio desse exercício, você poderá separar um valor para constituir seu colchão financeiro, tão logo você receba os seus rendimentos. Não deixe para separar este valor no final do mês, pois, provavelmente, você já terá gastado seu dinheiro em outras necessidades. É importante criar alguma forma de investir diretamente o seu salário, por exemplo, estabelecendo um sistema de depósitos mensais em seu fundo. Alguns bancos disponibilizam tipos de investimentos programados, por meio dos quais é possível programar um valor para ser investido automaticamente, por isso, antes mesmo de realizar os seus maiores sonhos, é importante que você adie este objetivo por um período, para que você comece a criar o seu fundo.

> ▶ **Por exemplo**, se você estava pensando em trocar de carro, comprar um novo equipamento eletrônico, ou coisa do gênero, adie este objetivo momentaneamente e utilize o dinheiro para começar seu colchão financeiro. O esforço realizado será muito gratificante no final.

Com essa reserva, você também terá muito mais poder de escolha em sua vida e não ficará sujeito a aceitar qualquer tipo de trabalho para somente pagar as contas, em caso de perder seu emprego. Você passará pelas situações adversas com mais tranquilidade, porque não ficará à mercê das circunstâncias e manterá sempre o foco na realização de seus sonhos.

Finalmente, é importante direcionar o dinheiro para a constituição desse fundo para alguma aplicação financeira como: Caderneta de Poupança, CDB com liquidez diária, ou mesmo aplicar em títulos públicos. Vamos entrar em mais detalhes sobre investimentos programados no próximo tópico.

INVESTIMENTOS PROGRAMADOS PARA LIDAR COM A FALTA DE DISCIPLINA

Economizar uma parte de seu salário e investi-lo é a forma perfeita de alcançar seus objetivos. O ideal é investir no mínimo 10% de seus rendimentos mensais, antes mesmo de gastar seus recebimentos com as obrigações do mês. Esta é a famosa fórmula do pague-se primeiro, apresentada por Robert Kiyosaki, autor de *Pai Rico Pai Pobre*.

> ▶ Muitas pessoas não possuem disciplina para investir todo mês, ou mesmo não possuem tempo para acompanhar o mercado e escolher qual o melhor investimento para a realização de seus sonhos. Além disso, há uma autossabotagem por conta de ter que abdicar do prazer de consumir hoje para desfrutar dos investimentos no futuro.

Por isso, é muito importante conhecer a possibilidade de optar por investimentos de forma programada. O investimento programado há muito tempo já é disponibilizado pela maioria dos bancos, sendo possível investir na caderneta de poupança, CDB (Certificado de Depósito Bancário) ou mesmo em alguns fundos de investimentos.

SEUS INVESTIMENTOS DE FORMA AUTOMÁTICA

Em relação à programação de alguns investimentos, é possível fazer essa operação pelo próprio home bank. Para isso, basta selecionar qual a modalidade do investimento desejado, a data e o valor que será debitado todo mês. Existem algumas modalidades que necessitam entrar em contato com o gerente de sua conta para serem realizadas e além dos investimentos citados em renda fixa como poupança, CDB e fundos de investimentos, outra modalidade muito demandada pelos bancos é a previdência privada. Esta é uma das formas mais comuns de investimento realizado pensando na aposentadoria.

Adquirindo um plano de previdência privada, você está adquirindo um serviço que gerenciará seus investimentos e dependendo da escolha efetuada, você poderá pagar menos imposto no futuro. As opções oferecidas pelas instituições financeiras são: VGBL e PGBL.

▶ O PGBL oferece ao poupador o benefício de abater ou restituir 12% na declaração de imposto de renda ao ano seguinte da aplicação.

▶ O VGBL é oferecido para quem não paga IR e, ao efetuar o resgate, o imposto a ser pago, será apenas sobre o lucro líquido, e não sobre o total resgatado, como realizado no PGBL.

É importante verificar quais são as taxas de administração e o carregamento cobradas pela instituição em que você deseja iniciar suas aplicações.

Outra modalidade de investimentos são os Títulos Públicos. O Tesouro Direto disponibilizou desde o ano de 2013 a possibilidade de compra programada de títulos públicos e o reinvestimento automático dos juros semestrais dos títulos através de diversas corretoras e bancos. No próprio site do Tesouro Nacional, você saberá quais são os bancos e corretoras disponíveis para que você possa comprar os títulos públicos e um ranking das taxas cobradas por essas instituições.

Saindo da modalidade simples de investimentos, em alguns bancos e corretoras é possível escolher um seleto grupo de ações para efetuar compras programadas com débito automático em conta corrente com a data determinada pelo investidor.

Algumas das opções disponíveis para compra são: PETR4, VALE5, ITUB4, CMIG4, ABEV3, NATU3, BBDC4, VIVT4. Também é possível escolher entre alguns ETFs (Fundos de Índices) disponíveis, tais como: BOVA11, DIVO11, PIBB11.

PARA QUEM É DESTINADO O INVESTIMENTO PROGRAMADO?

Como este investimento é destinado para quem não tem disciplina e tempo, ele abrange a grande maioria dos brasileiros que desejam investir, porém, nunca sobra dinheiro no final do mês para tal modalidade. Podemos considerar que o controle orçamentário através da utilização de uma planilha de orçamento mensal é uma raridade entre a maioria dos brasileiros. Logo, é necessário que as pessoas criem o hábito de agendar o dinheiro do investimento para que seja debitado de sua conta corrente, tão logo receba o seu salário. Como pode acontecer de o dinheiro que está disponível em sua conta corrente seja inteiramente gasto, através do investimento programado é criado um hábito forçado e automático de investimento.

Para constituir a sua reserva financeira, é importante ressaltar a escolha de investimentos em renda fixa e com liquidez diária, pois não queremos surpresas com nosso colchão financeiro. O investimento programado em ações pode ser utilizado após a constituição de seu fundo, porém, sempre através de um estudo ou acompanhamento de um profissional competente.

▶▶▶▶▶▶

No próximo capítulo, vou comentar a importância de se gastar mais. Isso mesmo, é importante gastar mais para gastar com sabedoria e para que sobre cada vez mais dinheiro no final do mês. Acompanhe-me para entender como isso funciona.

8
COMO GASTAR DINHEIRO
DE FORMA INTELIGENTE

O QUE VOCÊ FARIA SE GANHASSE UM MILHÃO DE REAIS?

"Eu sairia do aluguel e compraria um imóvel, uma casa na praia, sairia do emprego e viajaria por diversos lugares, trocaria de carro, colocaria meus filhos em ótimas escolas; com esse valor em mãos, abriria um universo de possibilidades e alternativas para realizar meus sonhos. Já estava esquecendo, pagaria todas as minhas dívidas".

Esse poderia ser o seu relato e de muitas outras pessoas, quando são questionadas sobre o que fariam caso recebessem uma boa quantia em dinheiro. O problema desse relato está no que vem depois disso: a pessoa quitaria todas as suas dívidas e realizaria praticamente todos os seus sonhos e continuaria consumindo o valor ganho de forma devastadora.

São muitas as histórias que já acompanhamos de pessoas que ganharam na loteria, porém, gastaram tudo e tiveram que voltar à estaca zero, e o que leva as pessoas a tomarem essa atitude? Este problema está relacionado à nossa mentalidade. Você já parou para pensar se possui uma mentalidade de pobreza ou uma mentalidade de riqueza?

Segundo Robert Kiyosaki, autor do *best-seller Pai Rico Pai Pobre*, as pessoas que possuem a mentalidade de pobreza, assim que recebem sua renda, encaminham todo o valor para a coluna de despesas.

As pessoas da classe média transferem sua renda gerada por meio do trabalho para a coluna de despesas e para a coluna de passivos. Os passivos são os imóveis que as pessoas compram para morar porque geram diversas despesas, assim como o carro, que além do financiamento, gera gastos com seguro, impostos, manutenção, estacionamento e outros (gastos realizados sem o devido planejamento).

As pessoas que possuem a mentalidade de riqueza também possuem muitas despesas, porém, sua renda primeiramente é direcionada para a coluna dos ativos. Ativos são bens e direitos que geram mais dinheiro, consequentemente, o dinheiro trabalhará para você e pode ser a compra de um imóvel com a finalidade de receber aluguel. A diferença é que as pessoas que possuem a mentalidade de riqueza aumentam suas despesas criando passivo por meio do dinheiro gerado da coluna dos ativos.

As pessoas de mentalidade pobre e a classe média adquirem passivos acreditando ser ativos e esse é um dos principais motivos de sua derrocada financeira, já que suas despesas aumentarão cada vez mais, ao contrário de quem possui uma mentalidade de riqueza, que primeiro adquire ativos, deixando o dinheiro trabalhando, para depois gastar. Se você está fazendo o contrário, esse pode ser o fator responsável pelo seu endividamento.

Por isso, neste capítulo demonstrarei técnicas poderosas para você gastar dinheiro de forma consciente e inteligente, e como isso pode transformar sua vida financeira.

COMO GASTAR DE FORMA INTELIGENTE

Você deve estar se perguntando: Por que o capítulo gastar dinheiro vem antes de economizar dinheiro, não deve ser o contrário? Explico: para economizar dinheiro é necessário saber gastar dinheiro com sabedoria.

▶ Gastar dinheiro de forma inteligente fará com que você mantenha o seu orçamento no azul e não caia na armadilha dos altos juros do cheque especial e rotativo do cartão de crédito. O importante é manter um entre o quanto você ganha e o quanto você gasta.

Para alcançar esse equilíbrio financeiro é necessário balancear seus rendimentos de acordo com suas prioridades, sendo esta a terceira fase do Método Mobile. Para gastar dinheiro com sabedoria é importante analisar quais são os desperdícios e quais os gastos supérfluos do seu orçamento. Você sabe quais são as diferenças entre eles?

SUPÉRFLUOS

Os supérfluos (passeios, academia etc.) são gastos que não são essenciais em nossa vida, contudo, nos proporcionam satisfação ou momentos de felicidade. Para um melhor entendimento, analisaremos os gastos supérfluos como aqueles que você pode viver sem eles no dia a dia, porém, podem proporcionar prazer e, às vezes, até promovem alguma melhora em sua qualidade de vida.

DESPERDÍCIOS

Em contrapartida, os desperdícios (esquecer a luz acesa de um ambiente ou não resolver o problema de vazamento que há tempos tem deixado sua conta muito alta etc.) são gastos que também não são essenciais em sua vida, e, ainda por cima, não agregam valor e nem proporcionam momentos de satisfação ou felicidade.

Conhecendo a diferença e verificando quais são os gastos supérfluos e os desperdícios, você deve primeiro eliminar os desperdícios de seu orçamento, já que não agregam valor à sua vida. Caso ainda não esteja conseguindo fazer sobrar dinheiro no final do mês, verifique e elimine alguns supérfluos de seu orçamento e após esse período de dificuldade, você poderá voltar a fazê-lo por meio de um planejamento.

VERIFIQUE COMO ESTÁ GASTANDO SEU DINHEIRO

Da mesma forma que você verificou as suas despesas, você analisará todos os seus gastos a partir de agora, portanto, confira em qual modalidade de gastos ele se encaixa: supérfluos ou desperdícios. Para te auxiliar a saber a diferença, efetue a seguinte pergunta: Esse gasto promoverá momentos de felicidade e agregará valor à minha vida?

Se a resposta for positiva, não pense duas vezes em efetuar essa aquisição, desde que caiba em seu orçamento. Contudo, se você realmente sentir que nada lhe será acrescentado, não prossiga, porque essa despesa te proporcionará um grande arrependimento no futuro.

Para verificar se realmente a compra é necessária você deve responder às seguintes questões ao se deparar com uma oferta:

- Eu quero?
- Eu posso?
- Eu preciso?

▶ Eu quero?

Uma pergunta que normalmente salienta um sonoro sim, pois você avista o objeto de desejo e logo lhe vem a vontade de obtê-lo.

▶ Eu posso?

Quase sempre, a resposta para essa pergunta será negativa. Você deseja comprar o objeto, mas o seu orçamento está sempre no limite e comprometido com outros gastos, porém, você não está conseguindo fazer sobrar dinheiro no final do mês, portanto, não seria adequado adicionar mais um gasto em seu orçamento.

▶ Eu preciso?

Essa pergunta é envolvente. Pode gerar inúmeras interpretações. Você pode apresentar diversos motivos que confirmem que precisa daquele objeto, assim como pode apresentar alguns poucos motivos que confirmem que esse objeto não é necessário. Na maioria das vezes, sempre vence o lado do desejo.

É importante que tenha sinceridade em sua avaliação. Você enganará a si mesmo prejudicando o seu orçamento, caso não seja realista em seu julgamento.

> *"O homem de bom senso economiza, e tem sempre bastante comida e dinheiro em sua casa; o tolo gasta todo seu dinheiro assim que o recebe."*
>
> *Provérbios 21:20*

Para que as questões apresentadas sejam efetivas, você deve utilizá-las com a regra dos 30 dias.

TÉCNICA PARA GASTAR DINHEIRO DE FORMA INTELIGENTE

Uma das maiores dificuldades das pessoas é controlar o consumo por impulso e atualmente, com a facilidade de crédito, de poder comprar qualquer objeto de desejo sem dinheiro algum — bastando, por exemplo, usar um cartão de crédito com vencimento depois da data do recebimento do salário — e com a nossa exposição cada vez maior ao marketing de consumo muito bem elaborado, é muito difícil dizer "não, obrigado", e seguir em frente.

A estratégia que revelarei funciona no sentido de gastar dinheiro e para economizar dinheiro, mas gastá-lo de forma consciente e inteligente.

Refere-se ao uso diário da técnica dos 30 dias. Como funciona isso na prática?

- ▶ Exemplificarei: encontrou, pensou ou imaginou alguma coisa que te interessa? Não efetue a compra imediatamente. Espere por um tempo, mais especificamente, 30 dias.

No decorrer desse período, você pensará, analisará e se questionará se realmente precisará adquirir tal objeto.

- Esse intervalo servirá também para você estudar alternativas de consumo: será que não existe um objeto equivalente mais barato? Uma opção mais funcional? Uma alternativa economicamente mais viável, com um custo/benefício mais vantajoso?
- Aliás, esse tempo será fundamental para você verificar se vale a pena esperar mais um pouco para efetuar a compra desse objeto de desejo. Questione-se: sua qualidade de vida piorou por não ter adquirido tal objeto durante esse intervalo de 30 dias? A compra deste objeto vai te deixar mais próximo de seus objetivos? Não ter efetuado a compra efetivamente fez falta? É possível viver sem?

SEPARANDO "DESEJOS" DE "NECESSIDADES"

A técnica dos 30 dias é excelente, especialmente para distinguir "desejos" e "necessidades" de consumo. Isso acontece essencialmente quando a idealização da compra de um produto não surge em função da percepção da ausência de algo, mas sim em função do estímulo de uma pessoa, ou de alguma propaganda que você leu, ouviu ou assistiu na internet, na mídia ou nas ruas.

- Por exemplo: imagine que você ouviu falar de um show badalado nas conversas com seus amigos. Detalhe: esse show é caro e incompatível com sua atual média de gastos com lazer.
- Pesquisando mais informações na internet sobre o show, você descobre que ele foi visto por mais de 1 milhão de pessoas em um curto período de tempo, o que aumenta ainda mais a sua vontade de ir e confirmar todas as impressões positivas que você leu, viu, ouviu a respeito dele, apesar de o valor cobrado se encontrar bem acima de suas possibilidades financeiras.
- Se você não possuir um controle financeiro com um valor limite para cada categoria do orçamento, o desejo

imediato de ir ao show se sobreporá a qualquer tipo de planejamento que se faça, e você tratará de ir no próximo final de semana disponível, mesmo que neste mês você já tenha atingido o teto de gastos com lazer.

ENTÃO QUAL É A SOLUÇÃO? — AGUARDE 30 DIAS...

Tenha tranquilidade e reflita se realmente esse é um objetivo, um sonho seu. Com o passar do tempo, e com o decorrer dos dias, você avaliará melhor se de fato verá esse show, ou se é mais viável e tão prazeroso quanto escolher outro show menos caro, mas semelhante ao seu estilo musical. Por isso, um dos méritos da técnica dos 30 dias é exatamente este: evitar que você gaste dinheiro por impulso com algo que você poderia muito bem recusar, ou seja, viver sem. Ao se conceder o direito de parar e refletir um pouco a respeito da compra, você terá condições de analisar com mais exatidão sobre todos os prós e contras de cada aquisição que passou pela sua mente num dado momento.

▶ Em outras palavras: você fundamenta suas compras, conferindo-lhes um caráter mais objetivo, e menos impulsivo.

Mas não é só isso.

DIGITANDO OU ESCREVENDO NO PAPEL: AS VERDADEIRAS PRIORIDADES ESTÃO DIANTE DE SEUS OLHOS

Para que a técnica dos 30 dias alcance o ápice de sua eficiência, no planejamento financeiro pessoal, eu considero imprescindível que você digite ou escreva no papel a sua meta de compras, com o maior número possível de detalhes: a descrição completa do objeto, o seu preço e o local (físico ou virtual) da compra. Isso também pode ser feito, é claro, no computador, ou ainda no celular. E por que escrever no papel ou digitar e imprimir?

▶ Simples: porque aquilo que se vê "com os olhos", e não apenas com a mente, aumenta a sua tomada de decisão sobre as compras, já que te leva a reflexões mais acentuadas e duradouras sobre a real necessidade das aquisições.

Isso, associado ao poderoso fator "tempo" que você soma à sua decisão — os inevitáveis 30 dias — fará com que a decisão de comprar algo — ou não comprar — seja mais robusta, mais apurada e mais inteligente, além do mais, a decisão sobre a compra fica muito mais sensata, já que a ideia de comprar algo provavelmente partiu de um ato materializado num instrumento: num comercial de TV ou de uma revista, num outdoor de rua, num site da internet, ou numa vitrine de loja.

Portanto, se você nutrir a ideia de comprar ou não comprar algo apenas na sua mente, é muito provável que você seja pressionado a gastar dinheiro, já que isso — o ato de comprar — é uma forma mais fácil de "se livrar" dessa coisa que fica habitando e incomodando a sua mente. Portanto, ao transferir a ideia da cabeça para o papel, você dará um alívio à sua mente, destinando para um material externo todo o enigmático processo que envolve a compra do bem. Isso fará com que sua cabeça trabalhe melhor, lhe dando opções que antes, devido ao abarrotamento de sua mente, não tinham espaço para serem trabalhados em suas reflexões diárias.

A UTILIZAÇÃO PRÁTICA DA TÉCNICA DOS 30 DIAS

Eu aprecio e utilizo bastante a técnica dos 30 dias. Quando planejo comprar alguma coisa, digamos, uma camisa nova, eu anoto, no celular ou no computador, os detalhes relativos a tal objeto de consumo, e, a partir daí, semanalmente, eu examino essa lista.

Às vezes, o objeto é descartado poucos dias ou poucas semanas depois: isso comprova que era apenas um desejo momentâneo, reflexo do pensamento ocorrido naquele dia específico, dentro daquelas próprias circunstâncias, que não teria utilidade a médio e longo prazos.

Entretanto, em outras tantas vezes, o item de consumo prossegue lá. Passado os 30 dias, se ele ainda continuar na lista, é um forte sinal de que ele galgou da categoria dos "desejos" para uma concreta "necessidade", o que já nos faz partir para as fases subsequentes, de pesquisa e compra.

Em contrapartida, nem sempre se pode esperar os 30 dias para avaliar se um objeto é necessário ou não, dados os contextos inevitáveis que envolvem a aquisição.

> Por exemplo, no caso de um produto que danificou ou não tem conserto, é indiscutível que a compra de outro se torna uma necessidade até urgente, a depender do grau de sua essencialidade para a vida da pessoa, contudo, para outras situações, a técnica dos 30 dias pode funcionar perfeitamente, principalmente naqueles casos em que você está na incerteza entre comprar ou não comprar, e o tempo de resposta pode esperar pelos 30 dias.

▶▶▶▶▶▶

Nossa vida financeira é resultado de nossas escolhas, que consequentemente se transformam em nossos hábitos, e nossos hábitos, por sua vez, são produto daquilo que efetuamos repetidamente, no transcorrer de dias, semanas, meses e anos. Prosperar é uma decisão, não uma opção, e apenas quem possui um orçamento doméstico controlado sabe o trabalho que dá evitar os gastos por impulso, por isso, evite gastar dinheiro de forma nociva, adotando algumas estratégias simples de gestão financeira pessoal, e a técnica dos 30 dias é uma dessas estratégias.

Ela permanentemente não custa nada: está aí, de graça, basta somente papel e caneta, um aplicativo do celular de gerenciamento de listas ou tarefas, ou a boa e velha planilha de Excel, entretanto, exige a criação e a incorporação de um hábito: que você, ao avaliar em comprar alguma coisa que demande um desembolso considerável de dinheiro, anote no papel essa compra, e mais, que reflita sobre ela, de preferência todos os dias, e, no mínimo, semanalmente.

Ao executar esse trabalho de análise crítica, você não estará apenas definindo se vale a pena ou não gastar dinheiro com ela, mas você estará, acima de tudo, modelando suas próprias prioridades no uso consciente e inteligente do dinheiro, delimitando quais objetos de consumo merecem sua atenção, por adicionarem algum tipo de valor para sua vida e, ao fazer isso, você lapidará seu planejamento financeiro, pois se sentirá mais motivado(a) a economizar e a investir dinheiro, já que suas metas financeiras estarão, a partir de então, efetivamente vinculadas a objetivos não financeiros. Experimente a técnica dos 30 dias. Sua utilização é muito simples, mas será capaz de dar aquele estímulo que faltava para você controlar melhor o uso do dinheiro.

> **A VIDA DE UMA PESSOA PRÓSPERA É FEITA DE ESCOLHAS E NEM SEMPRE SERÃO ESCOLHAS FÁCEIS.**

Outra técnica poderosa para gastar dinheiro de forma inteligente é saber gastar mais.

A IMPORTÂNCIA DE APRENDER A GASTAR MAIS

Nos dias atuais, os produtos são descartados tão rapidamente quanto são comprados. Esse processo faz você gastar dinheiro de forma errônea, agora acompanhe um trecho retirado do livro *12 Meses para Enriquecer*, do grande mestre Marcos Silvestre:

Se deseja mesmo economizar, terá que aprender a "gastar mais"! Se você assistiu ao filme A Rainha, de Stephen Frears, que retrata a vida da rainha Elisabeth, deve se lembrar da seguinte cena.

A soberana e seu filho, o príncipe Charles, sairão para um passeio de carro nos campos do castelo da família, na Escócia.

Na cena, eles entram em um jipe bem antigo, mas aparentemente muito bem conservado, e o filho questiona a rainha:

COMO GASTAR DINHEIRO DE FORMA INTELIGENTE ▶ 161

"A senhora não vai comprar um novo, não?". Elisabeth, um tanto indignada, lhe responde: "Para que, se este aqui está perfeitamente bom?".

Veja só, nós estamos falando de uma das pessoas mais ricas do mundo, cuja fortuna pessoal já foi estimada em mais de U$3 bilhões!

Pois o segundo passo para ter uma vida mais econômica é o seguinte: você terá que aprender a "gastar mais". Você não leu errado, quero dizer que precisamos gastar mais, sim, porém não me refiro ao dinheiro, mas às coisas que já temos.

No tempo de nossos avós, quando não existia essa onda desenfreada de consumismo que vivemos nas últimas décadas, tinha-se o saudável hábito de usar as coisas até gastarem. Para um "consumidor moderno", isso talvez até pareça avareza.

Porém, hoje, ser ainda mais moderno é ter visão ecológica. Dê a sua cota de contribuição individual para a natureza, cooperando para reduzir a emissão de gases poluentes na atmosfera e para diminuir a quantidade de lixo não reciclável no planeta.

De quebra, você gastará bem menos, mas nem por isso vai viver uma vida com menor qualidade, pelo contrário, vai sobrar para gastar melhor: com boas viagens, ótimos restaurantes, passeios... enfim, com experiências gratificantes.

Fonte: SILVESTRE, Marcos. *12 Meses para Enriquecer: o plano da virada.* **Editora Lua de Papel, p. 181-182**

A partir do momento em que você gasta mais, você está economizando dinheiro. Esta sobra pode ser direcionada para a realização de seus sonhos. Esse relato pode ser motivo de chacota, de ser chamado de avarento e outras coisas, mas vamos lá.

▶ Possuo um tênis do qual gosto muito e ele possui uns 13 ou 14 anos, já perdi a conta. Porém, este tênis ainda cumpre muito bem seu objetivo, que é me acompanhar nos lugares onde desejo ir. Durante esse tempo, ele passou por algumas pequenas reformas, nada grande e que não tenha valido a pena ter feito. O sonho de minha esposa é se livrar dele, mas creio que ainda vá demorar um pouco para declarar seu óbito oficial.

Esse é só um pequeno exemplo de como podemos gastar mais e economizar. Quantas roupas, sapatos, tênis você possui e que quase nem chegou a utilizar? Esse é um total desperdício de dinheiro, uma forma de gastar dinheiro que só pode lhe proporcionar prejuízo financeiro, então, confira se você possui algo que ainda não tenha utilizado ou que tenha deixado um pouco de lado. Verifique se ainda pode aproveitar, ou faça uma doação para que outra pessoa possa gastá-lo ainda mais.

Com algumas atitudes simples, com certo esforço e mudança nos hábitos pessoais, é possível fazer uma grande economia.

GASTAR DINHEIRO PARA REALIZAR SEUS SONHOS

Independentemente de qual seja o seu sonho, você gastará dinheiro para realizá-lo, desde que esteja dentro de seu planejamento financeiro. Mostrarei um exemplo de como gastar dinheiro planejando uma viagem e os cálculos podem ser utilizados para qualquer outro objetivo. Uma viagem dos sonhos será muito mais prazerosa se programada antecipadamente para que jamais se arrependa de tê-la feito.

Objetivo	Prazo (meses)	Valor Estipulado	Economizar
Férias	12	R$ 1.600	R$ 129,71

O valor exato da viagem custa R$2 mil, que pode ser parcelado ou pago à vista por R$1,6 mil. Sabendo antecipadamente desse desconto, você se programará para separar uma verba para essa finalidade, economizando apenas R$129.71 mensais. Além de economizar o valor de R$400 pagando à vista, você terá outra economia de R$50 por conta dos juros obtidos na aplicação durante esses 12 meses, já optando pelo financiamento, você terá que dispor do valor mensal de R$166.71 uma diferença de mais de R$35, que somadas poderão ser utilizadas no passeio para alimentação ou para alguma lembrança da viagem.

> ▶ Investir é o melhor meio para a conquista de seus objetivos, para isso, é importante economizar e até mesmo procurar meios de aumentar sua renda para realizar seus sonhos, porque gastar dinheiro é muito mais prazeroso quando realizado por meio de um planejamento financeiro. Este gasto será consciente e, consequentemente, não acontecerá o arrependimento de tê-lo sido efetuado.

É fundamental definir seus objetivos para gastar dinheiro com sabedoria, porque será realizado sempre em prol da conquista de seus sonhos.

▶▶▶▶▶▶

No próximo capítulo, concluirei minha história de vida e apresentarei dicas eficientes para economizar dinheiro.

9
COMO
ECONOMIZAR
SEU DINHEIRO

A TRANSFORMAÇÃO

Como havia dito anteriormente (no início do Capítulo 1), sempre fui um pouco mais prudente do que meus pais. Procurava economizar uma quantia de meu salário assim que o recebia, porém, essa economia era realizada sem um objetivo, logo esse dinheiro era gasto ao menor sinal de necessidade, e no início de carreira, a necessidade dominava a minha vida.

Quando comecei a dar importância aos meus objetivos, poupar dinheiro se tornou ainda mais relevante, porque todas as minhas ações estavam direcionadas para a realização de meus sonhos. Em meu primeiro emprego remunerado, no qual fiquei dois anos, não consegui formar uma poupança, pois ainda reinava em minha vida a escassez e muitas crenças negativas em relação ao dinheiro.

No ambiente de trabalho e nos locais onde frequentava, as pessoas viviam se lamentando, reclamando da vida e isso nos influencia mesmo que inconscientemente, porque mesmo não sendo um emprego que gostaria de passar o resto de minha vida, aprendi que tudo tem um lado positivo e hoje digo que esse local foi o melhor lugar onde trabalhei, pois lá conheci uma das pessoas mais importantes da minha vida. A minha esposa ;-)

Deixei o emprego e iniciei como estagiário em outra empresa pela metade do salário e sem nenhum benefício. Esse foi o período de maior dificuldade financeira em minha vida, porém, também foi o período de maior injeção de estímulo e mudanças de crenças negativas que recebi, porque foi por meio do ambiente desse emprego que decidi prestar um concurso público e acreditar pela primeira vez na possibilidade de passar na prova, pois antes eu só conhecia a seguinte argumentação: Concurso público só serve para dar dinheiro ao governo, e com esse novo paradigma, realizei a prova e fui aprovado, permanecendo no cargo público por dez anos. Exonerei do cargo porque alcancei a minha independência financeira e para realizar o meu sonho de infância. Durante este período, algumas histórias de empreendedorismo se iniciaram, a primeira delas quando eu tinha uns dez anos de idade.

ONDE TUDO COMEÇOU

O meu lado empreendedor começou muito cedo, vendendo alho em uma avenida próxima de casa, porém, essa pequena aventura não durou muito tempo. Entre treze e quatorze anos, meu primo e eu montamos uma barraca de doce em frente a nossa casa. Essa aventura foi muito mais longe e ainda tivemos um sócio, então, meu tio criou uma barraca personalizada e bem estilosa. No início, comprávamos pequenas quantidades de doces devido ao limite de nosso orçamento, contudo, o padrasto de meu primo (nosso sócio) comprou diversas caixas de doces para que pudéssemos vender, retirar uma porcentagem e devolver o dinheiro que ele havia gastado.

No início foi tudo muito bem, porém, começamos a comer o nosso lucro. Outro fator que levou à nossa derrocada financeira foi vender fiado para algumas pessoas conhecidas e familiares, por isso, nunca vimos a cor do dinheiro pela venda dos doces, e assim foi o fim de mais uma tentativa de empreendedorismo e ainda perdemos dinheiro e a confiança de nosso sócio. Mesmo com essa derrocada nos negócios, não desisti de encontrar algo que pudesse proporcionar uma renda extra.

Alguns anos mais tarde, tentei diversos outros tipos de negócios na área de tecnologia: criei alguns sites e blogs, efetuei manutenção de computadores, comercializei diversos tipos de produtos na internet comprando da China ou mesmo na Santa Ifigênia (Rua Santa Ifigênia é uma importante via localizada no Distrito da República, centro da cidade de São Paulo, Brasil, que ao longo dos anos ficou conhecida pela grande quantidade de lojas que se especializaram na venda de artigos eletrônicos).

Foram diversas tentativas até achar o negócio ideal, o meu plano B acabou superando bastante a renda do meu emprego público, por isso, em vez de buscar somente uma renda extra, comecei a almejar voos maiores e passei a buscar a tão sonhada independência financeira, mas ela só veio devido ao planejamento, pois coloquei no papel qual seria o valor necessário, quais ações deveriam ser tomadas e qual o prazo para que ela fosse alcançada. A partir desses dados, a independência financeira foi ficando cada vez mais real. Isto só aconteceu graças ao desejo imenso de alcançar meus objetivos e sonhos, de sair da zona de conforto, da inércia que acomete a grande maioria das pessoas.

Você pode escolher entre dois caminhos: o caminho das pessoas que vivem se lamentando pela oportunidade que nunca tiveram na vida ou o caminho das pessoas que criam suas próprias oportunidades. Aliás, durante esse período, adotei a seguinte doutrina: O importante não é economizar muito, mas sim economizar sempre.

Vou explicar por que você deve adotar essa doutrina no próximo tópico.

A IMPORTÂNCIA DE ECONOMIZAR DINHEIRO

▶ Exemplo 1:

Renato trabalha na iniciativa privada como funcionário ocupante de um alto cargo de uma grande multinacional estrangeira.

Tem 59 anos de idade, e 29 de contribuição. Casado, pai de três filhos, e com renda bruta mensal de R$23 mil, ele resolveu ir até o setor de recursos humanos para tratar a respeito de sua aposentadoria.

E ficou boquiaberto ao descobrir que ele se aposentaria somente com R$4,5 mil do INSS (não receberá o teto de R$5,5 mil por conta do fator previdenciário), e mais R$8 mil do fundo de pensão fechado da empresa, totalizando, assim, R$12,5 mil.

Sua renda, portanto, cairá de R$23 mil para R$12,5 mil, porém, o grande problema é que Renato iniciou um financiamento que é de doer qualquer bolso: a compra do carro Volkswagen Amarok Highline V6 por R$165 mil.

Outro transtorno: ele ainda não adquiriu sua casa própria, pois, como a empresa em que trabalha exigia deslocamentos regulares pelo país, ele optou por não comprá-la. E a verba de custo para moradia? Ela, que poderia ser exclusivamente investida para aquisição de um imóvel, ou para assegurar a constituição de renda passiva suficiente para suportar um aluguel mensal, passou a ser gasta com viagens e experiências extravagantes, consumo de passivos, como carros (uma troca a cada dois anos) e celulares de última geração.

▶ Exemplo 2:

Silvio é um servidor público com 59 anos de idade e 33 anos de contribuição. Casado, pai de dois filhos, e com renda bruta mensal de cerca de R$13 mil, ele também resolveu ir até o setor de pessoal de seu órgão público para tratar a respeito de sua aposentadoria e, tal qual Renato, ficou boquiaberto ao saber que, se for se aposentar, segundo as regras vigentes, receberia menos de R$8 mil brutos de proventos de aposentadoria. Como assim?

O encarregado do setor de recursos humanos lhe disse que as perdas salariais, quando se passa para a inatividade, sucedem de várias rubricas remuneratórias que ele não levará para a aposentadoria, pois são gratificações e auxílios que não entram na operação do cálculo da aposentadoria: gratificação pelo exercício de uma função comissionada que lhe rende R$2,5 mil mensais, auxílio-alimentação de outros R$650 mensais, auxílio-moradia etc., etc., etc.

Silvio ficou perplexo ao saber que várias das parcelas que compõem a sua remuneração não entram no cálculo da aposentadoria. Se por um lado não tem financiamento do veículo como Renato, por outro tem dois empréstimos consignados, um na Caixa Econômica Federal e outro no banco BMG, que consomem cerca de R$2,8 mil líquidos mensais, e que ele terá que carregar por pelo menos cinco anos...

Eventos financeiros como os mencionados acima não são raros, e comprovam um dos maiores problemas — e dificuldades — para a maioria da população economicamente ativa: a incapacidade de economizar para constituir patrimônio ao longo da idade produtiva.

- Pense em quantas pessoas que você conhece como advogados, médicos, executivos de grandes empresas que, mesmo tendo um ganho anual entre R$250 mil a R$350 mil, não possuem nenhum conhecimento sobre investimentos, e preferem gastar rios de dinheiro comprando os últimos modelos dos SUVs ou seja lá o que for, e não têm imóvel próprio, não por opção, mas por não terem dinheiro mesmo?

- Quantas pessoas você conhece que, mesmo com uma renda alta e já tendo, inclusive, idade para se aposentar, permanecem trabalhando, não porque gostam, mas porque, se deixarem o emprego, e passarem para a inatividade, perdem diversas gratificações e benefícios, de modo que se veem obrigadas a continuar trabalhando para arcarem com os descontos dos empréstimos consignados?

Se você ainda possui uma saúde pujante; se já não é mais tão pujante assim, mas ainda está em sua plena capacidade produtiva; se você ainda se considera em pleno exercício de sua capacidade intelectual; se você ainda possui um horizonte de mais 15, 25 anos de trabalho, não se deixe sabotar: *agora é o momento para economizar dinheiro* e construir seu patrimônio. Essa é a hora de comprar ativos. Ativos de qualidade, que se valorizem ao longo do tempo, e que possam te auxiliar no futuro, quando a força do corpo e da mente diminuírem, e você se sentir obrigado a deixar o emprego, não por opção, mas por impossibilidade física e mental mesmo.

Agora é o momento. A hora é exatamente essa. Economizar dinheiro e formar patrimônio tem a ver com criar para si uma cultura de educação financeira constante; uma educação focada a formar hábitos saudáveis financeiramente, que se estendam por toda uma vida. Receber juros, em vez de pagar juros. Ser o "dono" do banco (por meio de ações), e não a pessoa que deve ao banco. Controlar o dinheiro, e não se deixar controlar por ele, para não depender tanto do governo para custear seu futuro.

Ninguém será mais interessado no aprendizado da educação financeira do que você mesmo, então, faça isso antes que seja muito tarde.

Os ciclos de vida são fundamentais para a formação gradual de seu patrimônio

A vida do ser humano evolui em ciclos, porém, ninguém nasce empreendedor, investidor, médico, advogado, sem antes passar por um intenso e prolongado processo de aprendizagem, e ninguém consegue adquirir as habilidades financeiras para prosperar financeiramente se não desenvolver o necessário e indispensável conhecimento financeiro prévio; ninguém constrói uma casa se não for erguido o primeiro bloco de tijolos; ninguém consegue constituir patrimônio se não aprender a importância da educação financeira, e para chegar ao primeiro milhão de reais é preciso poupar os primeiros reais.

No livro *How to Think about Money*, Jonathan Clements retrata com propriedade esse tema, ao dizer, dentre outras coisas, que você deve planejar sua vida em ciclos, de modo que os subsequentes sejam uma evolução natural dos ciclos antecedentes.

Por exemplo: no campo do passivo — se você aprecia viajar com conforto e está decidido a pagar pelo preço, aja de modo compatível com suas capacidades financeiras atuais. Talvez seu rendimento presente não seja capaz de arcar com passagens em primeira classe. Não tem problema: comece na classe econômica.

Depois de um certo período, com o aumento de sua renda, e com o crescimento de seu patrimônio financeiro, será possível fazer um *upgrade* para a classe econômica *premium*, sem o sacrifício de seu bolso. E, quando estiver estabelecido financeiramente, com muito mais renda e patrimônio, poderá usufruir da classe executiva ou primeira classe, sem maiores desfalques financeiros — afinal, você se planejou para isso.

Na área do ativo acontece a mesma coisa. Planeje a sua vida em ciclos, de acordo com as disponibilidades financeiras de cada etapa de sua vida, porém, não dê um passo maior que a perna, ou melhor, que sua renda, suportará.

Por exemplo: se deseja adquirir um imóvel, seguramente no início será melhor optar por um pequeno apartamento, como um flat ou quitinete, do que por comprar logo de cara um apartamento de 300 metros quadrados, com varanda *gourmet* (que você provavelmente não usará), área de lazer infantil (para filhos que você ainda não tem) e salão de beleza (para o cônjuge que você ainda não tem).

Qual a razão de pagar um alto valor na compra de um apartamento nitidamente desproporcional às suas necessidades, se você ainda é solteiro, sem filhos e, ainda por cima, tem grande probabilidade de trocar de emprego ao longo da vida? Adquira um imóvel menor e invista a diferença na sua independência financeira, ou nem compre: apenas alugue, como eu faço até hoje. Em menos de cinco a dez anos de investimentos, você perceberá o impacto dessa decisão em patrimônio. Além disso, verifique que as despesas de um imóvel menor também é mais compatível com a renda e o patrimônio que você acumulou em menos de cinco a dez anos de trabalho, portanto, perfeitamente mais ajustado à sua fase de vida atual.

Com o passar dos anos, o aumento de seu rendimento e o crescimento do patrimônio lhe proporcionarão alçar voos cada vez mais altos, dando-lhe possibilidades de adquirir um imóvel maior, ou quem sabe, diversificar seus investimentos, comprando terrenos, lotes, ou mesmo investir no mercado financeiro.

> ▶ O que é fundamental, no final das contas, é que você alcance a aposentadoria oficial com um patrimônio formado e permanentemente construído e consolidado, até porque, quando você se aposentar, a sua renda oriunda do trabalho sofrerá uma drástica redução ao passar para a inatividade, e aí, caro leitor, vai ser muito tarde para querer começar a economizar, adquirir ativos e aguardar os juros compostos fazerem a sua parte, exatamente porque o melhor momento já terá passado.

E pior será quanto mais dependente você for das fontes públicas, oficiais e tradicionais de aposentadoria, como os rendimentos pagos pelo RGPS (Regime Geral de Previdência Social), RPPS (Regime Próprio de Previdência Social), e RPC (Regime de Previdência Complementar, dos fundos de pensão).

O correto é você aproveitar o máximo possível de "sobras de dinheiro" de sua renda da ativa para economizar e investir no crescimento de seu patrimônio. E por "sobras de dinheiro" entende-se: décimo terceiro salário, bônus desempenho, férias, horas extras e todas as demais gratificações que entram no cálculo de sua renda, porque você não contará com elas quando se aposentar.

POR QUE É TÃO DIFÍCIL ECONOMIZAR DINHEIRO?

Mas por que as pessoas, mesmo as que recebem uma renda alta, têm tanta dificuldade de economizar dinheiro e construir patrimônio ao longo da vida?

Além da falta de educação financeira na juventude, que é umas das principais causas, há um motivo que contribui de modo decisivo para essa falta de comprometimento com o próprio futuro: a necessidade de aprovação social, porque existe um desejo implícito da maioria das pessoas de ostentar e serem "bem vistas" por outras, e, para que isso ocorra, elas estão dispostas a pagar o preço. Literalmente.

- Veja o caso do Renato, por exemplo, que troca de carro a cada dois anos. Quando chega com seu Amarok Highline V6 e estaciona na garagem da firma, ele sente uma enorme pressão psicológica e não quer ser o "empregado perdedor" da empresa, já que a garagem está repleta de SUVs semelhantes, de pessoas que ganham tanto ou até menos do que ele.

- A mesma pressão psicológica também pode acontecer com as mulheres: muitas delas sentem a "obrigação" de gastarem com sapatos, jóias, roupas, idas ao salão de beleza, tratamentos estéticos etc., não porque de fato precisam, mas sim pelo medo de serem objetos de olhares reprovadores por parte de outras mulheres. Quando o que conduz a sua vida é o medo da reprovação social, os gastos tendem a ser excessivos e a saírem do controle.

- Jovens profissionais também se veem preso neste perverso ambiente social. Em ambientes diversos como bares, academias e escritórios, aposto que o objeto central das discussões é travado em torno do próximo objeto de desejo dos garotos engravatados e das garotas *hi-tech*. Considere a situação de uma pessoa que troca de iPhone a cada modelo, desde 2007: reflita no custo de oportunidade que se foi perdido ao longo dos últimos anos.

A maioria das pessoas se dedica a aumentar o patrimônio errado, que é o patrimônio alheio. Ao contratar empréstimos consignados, você aumentará o patrimônio do banco; ao adquirir um carro a cada dois ou três anos, você aumentará o capital dos fabricantes de veículos e concessionárias; ao trocar de celular constantemente, você aumentará o capital da Samsung, da Apple, e das operadoras de telefonia celular. A pergunta que fica é: o que vai sobrar de todos esses gastos para você economizar e investir em si próprio? É isso que você deseja para sua vida? Trabalhar o tempo todo, no final das contas, aumentar o patrimônio das instituições financeiras e das empresas na exata proporção em que reduz o seu próprio patrimônio individual?

Outra questão que dificulta muito o planejamento financeiro a longo prazo é a inflação do estilo de vida. Se o seu rendimento aumentou entre 5% ou 10% em um ano, seu desejo imediato é aumentar o consumo na mesma proporção em que sua renda foi aumentada. Recebeu o dinheiro do 13º? Você vai lá e gasta; recebeu o dinheiro das férias? Você vai lá e gasta; recebeu o dinheiro da restituição do IR? Você vai lá e gasta; obteve um bônus extra da empresa? O que acontece? Você vai lá e... bingo, gasta. Faça a comparação de seus gastos anuais deste ano com os gastos dos anos anteriores. Se você mantiver um registro do seu orçamento doméstico ano a ano, constatará que provavelmente gastou mais à medida que o salário líquido anual também subiu. Isso é praticamente inevitável, pois a nossa cultura é a de preencher esses espaços de aumento de salário com aumento do consumo.

► Por isso, desinflacionar seu estilo de vida é tão importante quanto alterar a mentalidade de necessidade de aprovação social. É necessário um novo método para que você visualize suas finanças a partir de uma nova perspectiva.

Mas atenção: o processo requer muito trabalho e não ocorre da noite para o dia, porém, é primordial se você quiser se aposentar com abundância financeira e um bom patrimônio para te sustentar e te proteger na velhice.

CONSCIENTIZAÇÃO É FUNDAMENTAL PARA ECONOMIZAR DINHEIRO

► NÃO VIVA OSTENTANDO RIQUEZA PARA, AO FINAL DA VIDA, ENCOBRIR SUA POBREZA.

Quanto mais tarde você se conscientizar da importância de economizar dinheiro para lhe proteger na aposentadoria, piores serão as consequências para a sua saúde e prosperidade financeira.

Chegou o momento de você se conscientizar do enorme problema que está causando para si mesmo(a) ao não investir seu tempo praticando hábitos financeiros saudáveis.

Sem colocar em prática a educação financeira desde cedo, provavelmente você não poderá se dar ao luxo sequer de solicitar a aposentadoria oficial na primeira oportunidade que surgir, porque os descontos no seu pagamento serão de tal magnitude que você optará por continuar trabalhando, exclusivamente para postergar um problema que poderia ter sido evitado se a sua vida não tivesse sido conduzida por vários empréstimos e deixado de aproveitar as diversas oportunidades para economizar e formar patrimônio quando você ainda estava na ativa e recebia bastante dinheiro, porém, por opção, preferiu consumir ao invés de poupar.

> ▶ Não há nada equivalente à sensação ruim de chegar à aposentadoria e se arrepender das escolhas financeiras erradas que foram efetuadas ao longo dos anos anteriores, períodos esses que poderiam ser mais que suficientes para formar e fazer crescer seu patrimônio, mas que você preferiu ostentar nas redes sociais, gastando com viagens exuberantes, carros luxuosos e outros tipos de passivos. Por isso, gaste menos tempo nas redes sociais e passe mais tempo poupando, economizando e investindo com inteligência na acumulação de ativos de valor.

Seja metódico no estilo de vida: não pense que você terá aumentos anuais, não acredite que o governo manterá as regras atuais da sua aposentadoria no futuro e siga um estilo de vida frugal, que dependa menos de dinheiro, e cujos recursos físicos, emocionais e espirituais sejam mais abundantes.

Seja metódico em economizar: não perca a oportunidade de aprender mais sobre finanças. Estude e gaste mais de seu tempo procurando formas de melhor rentabilizar seus investimentos, porque se obter 1% ou 2% a mais de rentabilidade anual em seus investimentos, fará uma enorme diferença em seu patrimônio financeiro ao final de 10, 20 ou 30 anos. Educar-se financeiramente nunca é demais.

Seja metódico enquanto você está vivo, com saúde e em plena capacidade produtiva: trabalhe arduamente e com inteligência, criando valor com suas habilidades e sendo excepcional naquilo que você faz, pois, quanto melhor você for capaz de fazer, mais difícil será para seu concorrente replicar aquilo que você faz, tornando seu trabalho único e mais valioso e, consequentemente, mais bem pago.

Finalmente, seja metódico em suas ações e não espere muito para tomar algumas atitudes. É importante agir imediatamente, por isso, apresentarei para você algumas formas para acelerar sua economia de dinheiro que podem ser colocadas em prática hoje mesmo.

▶ **Prosperidade não é um destino. É a aplicação do Método na vida.**

AÇÕES PRÁTICAS PARA ECONOMIZAR DINHEIRO

Você deve ter prometido e tentado diversas vezes economizar dinheiro, mas quando chega no final do mês, percebe mais uma vez que sua tentativa foi em vão. Pode ser uma tarefa muito difícil para você, principalmente quando visualiza o seu orçamento e percebe que não consegue separar um valor para poupar, e não sabe de onde tirar esse dinheiro.

> ▶ Para ter uma vida digna na melhor idade, é preciso economizar hoje para colher bons frutos no futuro.

Para economizar dinheiro, mostrarei algumas dicas diferentes. Se você não consegue separar uma verba para poupar, então, vamos economizar dinheiro diminuindo o consumo de produtos e serviços que você já utiliza.

ECONOMIZAR DINHEIRO COM A CONTA DE ÁGUA

Existem diversas formas básicas de economizar dinheiro com a conta de água, apresentaremos algumas delas:

- ▶ Reduzir o tempo no banho fará com que você economize muito em sua conta de água. Cinco minutos de banho já são suficientes, e para ajudar, você pode fechar o registro para se ensaboar e não fazer a barba ou depilar com o chuveiro ligado.
- ▶ Você também pode reaproveitar a água do banho para utilizar no vaso sanitário, e da máquina de lavar roupa para lavar o quintal.
- ▶ É importante fechar a torneira ao escovar os dentes, ao fazer a barba e ao ensaboar a louça. Sempre confira se realmente a torneira está fechada, pois algumas torneiras antigas só fecham depois de um grande esforço;
- ▶ Verifique se há vazamentos de água e conserte assim que eles forem vistos;
- ▶ Utilize a máquina de lavar roupa ou a maquina de lavar louça quando ela estiver cheia;
- ▶ Prefira usar a vassoura e um balde, não a mangueira, para limpar o quintal e a calçada.

ECONOMIZAR DINHEIRO COM A CONTA DE LUZ

Nunca dei tanta importância como deveria dar ao consumo de energia e quase sempre fiquei dentro da média, às vezes um pouquinho para cima, e às vezes um pouquinho para baixo. Só que a conta de abril/2015 veio com uma bela surpresa: o consumo foi de 246 kWh com valor a pagar de R$152,73, foi um tremendo espanto ter que pagar esse valor.

Comentei com algumas pessoas e de praxe ouvi frases como: é culpa do governo, eu quero trucidar quem votou na Dilma, é culpa do cara que faz a leitura do relógio (hein?) e outras coisas mais... Deixando de lado esses comentários, resolvi tomar algumas medidas eficazes para economizar dinheiro com a conta de luz.

Inicialmente, visualizei e anotei o valor que estava no relógio e comecei a conferir dia a dia como estava o valor do consumo. Após essa primeira fase, comecei a desligar da tomada, à noite, alguns aparelhos para ligá-los somente no dia seguinte. Para minha surpresa, como não poderia deixar de ser, o consumo foi diminuindo.

> ► Logo em seguida, o chuveiro, esse vilão que mais gasta. O relógio não para de girar velozmente quando ele está ligado, então diminuí o tempo de banho, mas tive que convencer a patroa a diminuir o dela também. E aí você já sabe né, mulheres demoram mais (cabelos longos, praticamente 20 minutos de banho, mas o relógio não para), quase tive um treco com o relógio.

Nesse meio tempo, tive um problema com um interruptor e chamei um eletricista, que me contou que estava com três contas vencidas, saindo de R$120,00 para mais de R$250,00 no mês e também disse que morava com a esposa e mais duas filhas (três mulheres, três cabelos longos para lavar), aí o relógio pira. Enfim, cheguei em um acordo com a patroa, logo depois da fase de ser identificado como sovina, bitolado por olhar o relógio toda hora etc. Mas isso é normal, quando comecei a utilizar a planilha financeira, eu também ganhei diversos outros nomes.

> ► Em seguida, outro vilão identificado foi o ferro de passar roupa, não que ele seja um vilão em si, mas o que você faz quando o está utilizando. Para economizar dinheiro na hora de passar roupa, tirando o básico de não desamassar muito a roupa e passar uma grande quantidade de uma

vez, você deve evitar: fazer outras tarefas a partir do momento que ligar o ferro, tarefas como: assistir televisão, pois com certeza você não vai conseguir passar roupa tão rapidamente como se estivesse focado somente na roupa, e também parar para conversar no telefone ou no famoso Whatsapp. Com isso, o tempo que você levará para passar a roupa será muito menor, e quem toma conta do reloginho de luz agradecerá.

Como uma imagem vale mais que mil palavras, confira abaixo a diferença de consumo depois de tomadas essas medidas.

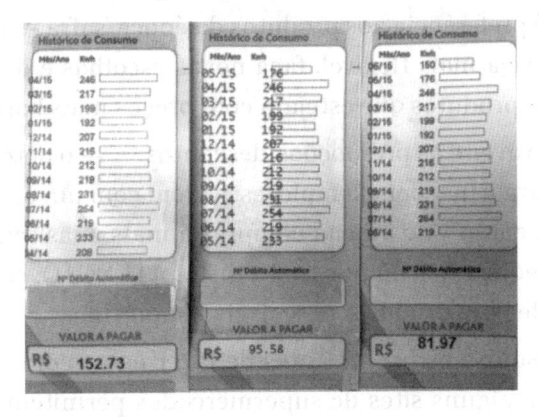

PS: E não podemos esquecer do básico: trocar as lâmpadas incandescentes por lâmpadas fluorescentes ou Led; ao sair do ambiente, sempre apague as luzes; não dormir com a TV ligada, programe para que desligue automaticamente.

ECONOMIZAR DINHEIRO COM AS COMPRAS NO SUPERMERCADO.

As compras no supermercado são um dos principais itens de gastos em qualquer família na atualidade e, muitas vezes, levamos menos e acabamos gastando muito mais do que imaginávamos. Basta ligar a TV para vermos notícias sobre o aumento no preço de determinados alimentos... Mas o que podemos fazer para minimizar, ou ainda evitar, que o excesso de gastos se repita?

Provavelmente você já deve ter visto algumas destas dicas, mas é bom relembrá-las para que sobre uma "graninha" a mais no final de cada mês para antecipar algum sonho.

Como economizar no supermercado

1. Planeje seu cardápio semanal — isso facilitará muito a preparação de sua lista de compras;
2. Antes de ir às compras, faça uma lista — determine a quantidade de cada item e EVITE comprar o que não está na lista;
3. Dê preferência aos produtos da época/safra — no hortifruti, seja mais flexível, faça novas escolhas e dê prioridade aos produtos que estejam com preços mais baratos;
4. Aproveite as promoções/descontos — se o detergente ou a margarina, por exemplo, estiverem com um ótimo desconto, então vale a pena comprar a mais, mas sem entrar no cheque especial por conta disto! ATENÇÃO: esta dica não vale para produtos perecíveis e supérfluos!
5. Pesquise os preços antes de fazer as compras — hoje em dia, alguns sites de supermercados permitem realizar as compras pela internet. Aproveite para olhar os preços e anotá-los para sempre ter uma noção de valor dos produtos de sua lista;
6. A visita ao supermercado não é um programa de lazer ou um lugar para desestressar! — Se não pensar assim, é muito maior a possibilidade de você comprar itens supérfluos;
7. Determine um limite para a compra de supérfluos — não estou dizendo que você precisa se privar dos seus pequenos prazeres, mas é preciso saber "se segurar" na frente das diversas guloseimas e fazer escolhas. Será ótimo para o seu bolso e certamente para a sua saúde;
8. Utilize sempre uma calculadora — algumas vezes a embalagem menor não é mais econômica (não dá para entender isto!).

9. Alguns produtos possuem embalagens de tamanhos diferentes e a calculadora pode ser de grande ajuda para a descobrir qual embalagem tem o melhor preço por unidade. Às vezes, se você comprar dois pacotes com quatro rolos de papel higiênico, pode sair mais barato que levar um pacote com oito rolos, por exemplo.

10. Não vá ao supermercado com fome — algumas pesquisas revelam que pessoas com fome tendem a comprar mais do que o necessário;

11. Não faça um grande estoque de alimentos — na maioria das vezes, os produtos acabam sendo jogados no lixo por estarem fora do prazo de validade;

12. No lugar de refrigerante e suco de caixinha, que tal uma limonada ou mesmo um suco de laranja? Eu sei que o refrigerante e o suco de caixinha são muito mais práticos e economizam tempo, mas do ponto de vista econômico e pensando também na saúde, vamos combinar que fazer o suco natural sai muito mais em conta e é muito mais saudável?;

13. Muitos estabelecimentos possuem marca própria e costuma ser mais barato adquiri-los;

14. Acompanhe o registro dos preços efetuados no caixa, algumas vezes é registrado um valor acima do apresentado na prateleira;

15. Procure não seguir a "manada" em relação aos amigos de trabalho, muitos deixam de levar sua refeição para acompanhar o grupo em restaurantes;

16. Além de evitar gastos desnecessários, você pode manter o hábito de uma alimentação mais saudável.

DICAS POLÊMICAS

Há outras dicas que geram certa polêmica, pois apresentam tantos aspectos positivos quanto negativos: crianças — se seus filhos pedem de tudo quando estão juntos à gôndola de doces e biscoitos, e você não consegue dizer não a eles, a melhor escolha é não levá-los ao supermercado, caso seu foco seja economizar.

Se não for um problema para você, as compras de supermercado podem ser uma boa forma de introduzi-los à educação financeira, ensinando a eles como fazer compras. As crianças podem auxiliar a comparar preços entre os diferentes produtos, passar o produto no leitor de código de barras e ajudar na localização de itens da sua lista de compras.

> ▶ Por exemplo, ao visualizar algum biscoito muito mais caro do que outras boas opções, é uma ótima oportunidade de mostrar às crianças a quantidade que se pode economizar na compra da opção mais em conta.

Não recomendo que você faça compras com pressa, pois tendo tempo é possível comparar os preços dos produtos com tranquilidade. Contudo, quando algumas pessoas possuem tempo disponível, tendem a comprar produtos fora da lista, e para elas, o melhor é fazer as compras de supermercado em menos tempo, para que sejam limitadas aos itens que constam na lista. Esta dica varia de acordo com seu perfil!

Por conta da vergonha, há pessoas que preferem almoçar em restaurantes, e pude acompanhar casos em que se sentiam inferiorizadas por levar sua própria refeição e até dispensar a refeição disponibilizada pela empresa em seu refeitório simplesmente pelo fato de seus amigos sempre frequentarem os restaurantes da moda.

Você pode verificar que não é tão difícil economizar dinheiro, basta tomar algumas medidas eficazes. Esse dinheiro economizado deve ser utilizado para o pagamento de dívidas, antes mesmo de se pensar em qualquer investimento e não há no mercado juros de aplicação financeira maior do que os juros cobrados de qualquer dívida, portanto, direcione os valores para quitar as dívidas, e caso não as tenha, você pode iniciar a constituição de uma reserva financeira. Esse colchão de segurança será útil para alguns momentos de adversidade que podem aparecer em seu caminho.

Como estou com o orçamento em ordem, uma parte desse dinheiro que seria desperdiçado foi direcionado para o lazer, conseguimos ir ao teatro e cinema, e ainda incluímos em nosso consumo diário dois cálices de suco de uva integral. Logo, cortar o desperdício, evitar o supérfluo e o consumo excessivo de algo não é somente para economizar dinheiro em si, mas todas essas medidas foram realizadas para melhorar a qualidade de vida, com a finalidade de economizar sem perder o prazer de viver.

▶ **VOCÊ QUER SER VERDADEIRAMENTE RICO? VOCÊ JÁ É, SE FOR FELIZ E BONDOSO.**

Afinal de contas, não trouxemos nenhum dinheiro conosco quando viemos ao mundo, e não podemos levar nem mesmo um centavo quando morremos.

1 Timóteo 6

▶▶▶▶▶▶

Independentemente de sua situação financeira, eliminar as dívidas e prosperar financeiramente é possível, porém, é muito importante ressaltar que nunca se deve dar um passo maior do que a perna, o que significa dizer que nunca se deve gastar mais do que se ganha, e esse é o erro básico em finanças pessoais. Procure pagar suas contas à vista e sempre em dia. Os juros não são nada amigáveis para quem está do lado devedor, e para não ser pego de surpresa por alguma dívida, sempre mantenha um valor de 6 a 12 meses de seus ganhos mensais em um colchão de emergência ou oportunidade. Essa reserva financeira te proporcionará tranquilidade e segurança para focar na realização de seus maiores sonhos.

> "...Eu vim para que tenham vida, e a tenham em abundância."
>
> *João 10:10*

Gostaria muito de saber sua opinião sobre este livro. Envie seu comentário para contato@opoderdometodo.com. Seu comentário poderá estar na próxima edição do livro. Muito obrigado.

www.opoderdometodo.com

Para saber mais sobre o livro e autor, visite o site www.opoderdometodo.com e curta as nossas redes sociais.

- ▶ www.opoderdometodo.com
- ▶ facebook.com/opoderdometodo
- ▶ instagram.com/opoderdometodo
- ▶ twitter.com/opoderdometodo

REFERÊNCIAS BIBLIOGRÁFICAS

OLIVEIRA, Cleiton. Economizar sem perder o prazer de viver. São Paulo: AllPrint, 2014.

CERBASI, Gustavo. Como organizar sua vida financeira. São Paulo: Sextante, 2015.

FORTUNA, Eduardo. Mercado financeiro produtos e serviços. Rio de Janeiro: Qualitymark, 2010.

RAMOS, Vera Lúcia. Guia do endividado. São Paulo: Proteste, 2015.

SILVESTRE, Marcos. 12 Meses para enriquecer – O plano da virada. São Paulo: Lua de Papel, 2010.

DUHIGG, Charles. O poder do hábito: por que fazemos e o que fazemos na vida e nos negócios. Rio de Janeiro: Objetiva, 2012.

KIYOSAKI, Robert T.; LECHTER, Sharon L. Pai Rico Pai Pobre. Rio de Janeiro: Campus, 2000.

HEATH Chip e HEATH Dan. Ideias que colam. Rio de Janeiro: Elsevier, 2007.

ELLSBERG, Michael. A educação dos futuros milionários. São Paulo: Leya, 2012.

CLEMENTS, Jonathan. How to think about money. EUA: CIPP, 2016.

Sites Consultados

_____. High debt could be hazardous to your health, 2015. Disponível em <https://news.northwestern.edu/stories/2013/08/high-debt-could-be- hazardous-to-your-health>.

_____. Percentual de famílias com dívidas apresenta a segunda queda consecutiva em dezembro de 2018, 2019. Disponível em <http://cnc.org.br/ sites/default/files/arquivos/release_pc_dezembro_2018.pdf>.

_____. Arguing about money could spell disaster for your marriage: Couples who row about finances are more likely to divorce than those who argue about children or sex, 2015. Disponível em <https://www.dailymail.co.uk/femail/article-2373463/Couples-row-finances-likely-divorce- argue-children-sex.html>.

_____. Guia online de orientação ao cidadão, 2015. Disponível em <https://www.serasaconsumidor.com.br/guia-orientacao>

_____. 48% dos consumidores inadimplentes sentem vergonha por terem dívidas, mostra SPC Brasil, 2015. Disponível em <https://www.spcbrasil.org.br/uploads/st_imprensa/release_sentimentos.pdf>.

_____. 5 Atitudes para livrar-se das dívidas e sair do vermelho, 2016. Disponível em <https://dinheirama.com/5-atitudes-livrar-se-dividas-sair-do-vermelho>.

_____. Pelo terceiro ano seguido, desemprego é a principal causa da inadimplência, mostra levantamento do SPC Brasil e CNDL, 2017. Disponível em: <https://www.spcbrasil.org.br/wpimprensa/wp-content/uploads/2017/08/release_inadimplentes_agosto_2017_v7.pdf>.

_____. Origens da inadimplência 2018, SPC Brasil, 2018. Disponível em <https://www.spcbrasil.org.br/wpimprensa/wp-content/uploads/2018/09/SPC-Analise-Origens-da-Inadimplencia-2018-1.pdf >.

_____. 21% dos brasileiros já pediram nome emprestado para fazer compras, revela SPC Brasil, 2019. Disponível em <https://www.spcbrasil.org.br/uploads/st_imprensa/release_emprestimo_de_nome.pdf >.

_____. Desemprego é a principal causa da inadimplência dos brasileiros, 2016. Disponível em <http://www.anfac.com.br/v3/informativos-noticias.jsp? id=1380>.

_____. Como economizar dinheiro no supermercado, 2016. Disponível em <http://minhaseconomias.com.br/blog/como-economizar/como-economizar-dinheiro-no-supermercado>.

_____. Novas regras para portabilidade de crédito são boas para o consumidor, 2014. Disponível em <https://idec.org.br/em-acao/em-foco/novas- regras-para-portabilidade-de-credito-so-boas-para-o-consumidor>.

_____. Empréstimos e financiamentos, 2018. Disponível em <https://www.bcb.gov.br/pre/pef/port/folder_serie_I_emprestimos_e_financiamentos.pdf>.

_____. É possível sair do superendividamento, 2018. Disponível em <https://www.bcb.gov.br/pre/pef/port/ folder_serie_II_%E9_possivel_sair_do_superendividamento.pdf>.

_____. Prevenção e tratamento do superendividamento caderno de investigações científicas, 2018. Disponível em <https://www.defesadoconsumidor.gov.br/images/manuais/vol_1_prevencao_e_tratamento_do_superendividamento.pdf>.

_____. Novas regras para portabilidade de crédito são boas para o consumidor, 2016. Disponível em <https://idec.org.br/em-acao/em-foco/novas- regras-para-portabilidade-de-credito-so-boas-para-o-consumidor>.

_____. O que é uma cooperativa de crédito ou instituição financeira cooperativa? 2018. Disponível em <https://cooperativismodecredito.coop.br/cooperativismo/o-que-e-uma-cooperativa-de-credito-2/>.

BOA VISTA, 2017. Disponível em <www.boavistaservicos.com.br>. Acesso em 08/2017.

SERASA EXPERIAN, 2017. Disponível em <www.serasaexperian.com.br>. Acesso em 08/2017.

SPC BRASIL, 2017. Disponível em <www.spcbrasil.org.br>. Acesso em 08/2017.

PROCON, 2017. Disponível em <www.procon.sp.gov.br>. Acesso em 08/2017.

Índice

▶ A

Ações 38, 72, 115
Acumulação de passivos 126
Aplicações financeiras 61
Aumento salarial 126

▶ B

Balancear 17, 65, 116
Banco Central do Brasil 93
Bancos 58, 90, 149
Bens 61, 90, 106
    bens como garantia 59
    bens financeiros 61
    bens físicos 61
    bens pessoais 61

▶ C

CET 86
Coach 34, 139
    coaching 139
Código de Defesa do Consumidor 80, 105
Confederação Nacional de Dirigentes Lojistas 45, 46
Confederação Nacional do Comércio 26
Contas 12, 40, 72
    boleto 22, 42, 81
    DDA 42, 45
    débito automático 42, 90
Controle financeiro 63, 89, 156
Crédito 35, 79
    cooperativa de crédito 93
    crédito consignado 49, 85, 120
    crédito direto ao consumidor 91
    modalidades de crédito 58, 92
    portabilidade de crédito 84, 117

▶ D

Declaração de imposto de renda 149
Defensoria pública 106, 109–110
Desperdícios 76, 153
Despesas 12, 50, 145
    despesas essenciais 64–78
    despesas extras 50–54, 33
Dívidas 7, 33, 58
    dívida crônica 26
    endividamento 7, 25, 152
    superendividamento 8, 99
    Superendividamento ativo 105–110
    Superendividamento passivo 106–110
    levantamento das dívidas 57
    prescrição das dívidas 81
    renegociação de dívidas 8–18, 74–78

▶ E

Educação financeira 7–18, 39–54, 104, 170
Empréstimo 32, 81, 169
    empréstimo consignado 74, 84

empréstimo de financeira 79
empréstimo pessoal 35, 74, 88
Equilíbrio financeiro 11–18, 70–78, 153
Estilo de vida 70, 126, 174
Excesso de gastos 130–140, 179

▶ **F**

Feirão Limpa Nome 95–98
Finanças pessoais 7–18, 23, 79–98
Financiamento 51, 120, 152
Fontes de renda 66, 76
Fundo financeiro 74, 142
Fundos de investimentos 148

▶ **G**

Ganho mensal 101
Gastar mais 35, 99, 161
Gastos 22, 38, 63, 152
gastos essenciais 58–78
gastos invisíveis 50–54
gastos por impulso 159
Gestão financeira pessoal 159

▶ **H**

Hábitos 15–18, 116–140
hábitos financeiros 129–140
hábitos pessoais 128–140
mudanças de hábitos 134
Home bank 148
Horas extras 172

▶ **I**

Inadimplência 33–54, 80
Independência financeira 9–18, 166–184
Infidelidade financeira 29

Inflação do estilo de vida 174
Investimentos 16, 53, 93
investimentos programados 16–18, 147–150

▶ **J**

Juros 11–18, 45–54, 59–78, 81–98, 183
juros de aplicação financeira 182

▶ **L**

Lista de bens pessoais 61
Loop do Hábito 131–140
Lucro líquido 149

▶ **M**

Mapeamento financeiro 38–54
mapeamento do orçamento 110, 114
Medo 26–32
Mercado financeiro 120–140, 172
Método Mobile 13, 64, 114, 153

▶ **N**

Negativação 80
Negociação 44–54, 73–78
negociação das dívidas 74
Nome 30–32, 79–98
nome emprestado 46
nome sujo 46, 79

▶ **O**

Objetivo 9–18, 70–78, 115
Objetos de consumo 160
Orçamento 11–18, 22–32, 38–54, 64–78, 99–110
orçamento doméstico 43, 126, 159

orçamento mensal 14, 38, 62, 100
Organizar as contas 129

▶ **P**

Pagamento 14-18, 42-54, 64-78, 89-98, 120-140
    cronograma de Pagamento 14-18, 60-78
    ordem de Pagamento 14-18, 58-78
Pendências financeiras 15-18, 63, 79
Perfil financeiro/comportamental 26
Planejamento financeiro 11, 22-32, 50-54, 72-78, 101-110, 157-164
Planilha 11-18, 38-54, 83-98
    planilha de contas a pagar 41-54
    planilha de orçamento mensal 14, 38-54, 65-78, 115-140
    planilha EAD 57, 96
    planilha financeira 11, 41, 62
PROCON 83, 106

▶ **Q**

Quitar a dívida 49, 60, 151

▶ **R**

Regra dos 70-10-20 69, 139
Rendimentos 12-18, 33, 101-110, 153, 172-184
    rendimentos mensais 148
Renegociação 8-18, 79-98, 106-110

Reserva financeira 14, 33, 74, 144
    colchão financeiro 75, 146
Restrição de crédito 49-54, 79

▶ **S**

SCPC 81-98
Serasa 26, 81, 102
SLAC 34
SPC Brasil 37, 81
Supérfluos 128, 153, 180

▶ **T**

Taxas 16, 50, 51, 74, 86, 129, 149
    DPVAT 51
    IPVA 51, 62
    taxas de juros 35-54, 59, 74-78, 89-98, 117-140
Técnica dos 30 dias 155-164
Títulos públicos 147
    Tesouro Direto 149
    Tesouro Nacional 149

▶ **U**

Uso planejado e inteligente do dinheiro 70, 116, 137

▶ **V**

Vazamento de dinheiro 124
Venda casada 73, 88
VGBL e PGBL 149
Vida financeira 9, 39, 104, 120, 159-164
Vitimização 136-140

▶ **Z**

Zona de conforto 73, 117, 167

Projetos corporativos e edições personalizadas
dentro da sua estratégia de negócio. Já pensou nisso?

Coordenação de Eventos
Viviane Paiva
comercial@altabooks.com.br

Assistente Comercial
Fillipe Amorim
vendas.corporativas@altabooks.com.br

A Alta Books tem criado experiências incríveis no meio corporativo. Com a crescente implementação da educação corporativa nas empresas, o livro entra como uma importante fonte de conhecimento. Com atendimento personalizado, conseguimos identificar as principais necessidades, e criar uma seleção de livros que podem ser utilizados de diversas maneiras, como por exemplo, para fortalecer relacionamento com suas equipes/ seus clientes. Você já utilizou o livro para alguma ação estratégica na sua empresa?

Entre em contato com nosso time para entender melhor as possibilidades de personalização e incentivo ao desenvolvimento pessoal e profissional.

PUBLIQUE SEU LIVRO

Publique seu livro com a Alta Books. Para mais informações envie um e-mail para: autoria@altabooks.com.br

/altabooks   /alta-books   /altabooks   /altabooks

CONHEÇA OUTROS LIVROS DA ALTA BOOKS

Todas as imagens são meramente ilustrativas.

ROTAPLAN
GRÁFICA E EDITORA LTDA

Rua Álvaro Seixas, 165
Engenho Novo - Rio de Janeiro
Tels.: (21) 2201-2089 / 8898
E-mail: rotaplanrio@gmail.com